CB067850

De: _____

Para: _____

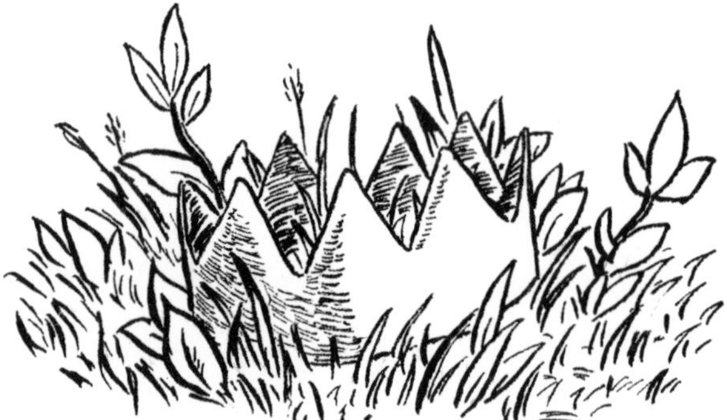

Juntos somos melhores

Juntos somos melhores

Um livro inspirador sobre o poder da
união e a busca pelo propósito

SIMON SINEK

Ilustrações de Ethan M. Aldridge

SEXTANTE

Título original: *Together is Better*

Copyright © 2016 por Sinek Partners, LLC.
Copyright da tradução © 2019 por GMT Editores Ltda.

Todos os direitos reservados. Nenhuma parte deste livro pode ser utilizada ou reproduzida sob quaisquer meios existentes sem autorização por escrito dos editores.

Publicado mediante acordo com a Portfolio, um selo da Penguim Publishing Group, uma divisão da Penguim Random House LLC.

tradução: Livia de Almeida

preparo de originais: Renata Dib

revisão: Juliana Souza, Rafaella Lemos e Sheila Louzada

projeto gráfico: Daniel Lagin

diagramação e adaptação de capa: Gustavo Cardozo

ilustrações: Ethan M. Aldridge

capa: Henry James Nuhn

impressão e acabamento: Pancrom Indústria Gráfica Ltda.

CIP-BRASIL. CATALOGAÇÃO NA PUBLICAÇÃO
SINDICATO NACIONAL DOS EDITORES DE LIVROS, RJ

S623j

Sinek, Simon
    Juntos somos melhores / Simon Sinek; ilustração de Ethan M. Aldridge; tradução de Livia de Almeida. Rio de Janeiro: Sextante, 2019.
    160 p.: il.; 12,7 x 17,8 cm.

Tradução de: Together is better
ISBN 978-85-431-0876-6

1. Desenvolvimento organizacional. 2. Mudança (Psicologia). 3. Satisfação no trabalho. I. Aldridge, Ethan M. II. Almeida, Livia de. III. Título.

19-59316   CDD: 650.1
                   CDU: 005.32:331.101.3

Todos os direitos reservados, no Brasil, por
GMT Editores Ltda.
Rua Voluntários da Pátria, 45 – 14.º andar – Botafogo
22270-000 – Rio de Janeiro – RJ
Tel.: (21) 2538-4100
E-mail: atendimento@sextante.com.br
www.sextante.com.br

Para Sara

Irei com você aonde for

Sumário

13 | Olá

17 | Comece aqui
35 | Escolha: ir sozinho ou ir junto
47 | Encontre uma visão
63 | Seja perseverante
87 | Tentação
95 | O retorno
119 | Seja o líder que você gostaria de ter

129 | Um pouco mais

Juntos somos melhores

Olá

É bom se sentir inspirado. Mas é incrível se sentir inspirado pelo próprio trabalho.

Essa ideia é a essência da visão que adotei para a vida: construir um mundo no qual as pessoas acordem todas as manhãs inspiradas para ir ao trabalho, sintam-se seguras enquanto desempenham suas funções e voltem para casa realizadas pelo que fizeram.

Não será fácil criar esse mundo, e isso não acontecerá dentro de um ou dois anos. Porém, se nos comprometermos a trabalhar em conjunto, se cada um fizer a sua parte para se aproximar dessa visão compartilhada, poderemos construir o mundo que imaginamos.

É essa jornada que espero registrar neste livro.

Esta é a história de três amigos que moram num lugar bom. Não é maravilhoso – apenas bom. Embora tenham momentos felizes no parquinho, eles, como todas as crianças, vivem com medo do "rei do parquinho", que se importa apenas consigo e com sua posição, e que lidera pelo medo. Como consequência, os outros garotos não falam nada, temendo chamar a atenção.

Essa história é uma metáfora.

O parquinho representa as organizações para as quais trabalhamos, especialmente aquelas com ambiente tóxico. O rei do parquinho representa o chefe ou a empresa que parece se importar mais com números do que com as pessoas, que comanda pela intimidação ou apenas não faz ideia de como criar um lugar que inspire os funcionários todos os dias (ou talvez nem se importe com isso). Essa é a política corporativa que muitos de nós vivenciamos no dia a dia do ambiente de trabalho. Vamos para um local onde fofocar, colocar a culpa nos outros e cuidar dos próprios interesses triunfam sobre a visão compartilhada, a confiança e a cooperação.

E, como as crianças no parquinho, muitos de nós suportamos essa situação. "É um bom emprego", respondemos quando nos perguntam se gostamos do trabalho. Não é maravilhoso – apenas bom. Alguns sonham em pedir demissão ou encontrar algo melhor. Outros toleram esse ambiente, racionalizando que há contas a pagar ou bocas para alimentar. Seria possível mudar essa situação?

Os três amigos, nossos heróis, são arquétipos que nos representam. Em vários momentos de nossa carreira fomos cada um deles. As crianças sonham em deixar o parquinho da mesma forma que sonhamos com um lugar diferente ou melhor para trabalhar. E mesmo que consigam sair do parquinho – mesmo que larguemos o emprego em busca de algo melhor –, a dúvida é: para onde vamos e como chegaremos lá?

Comece aqui

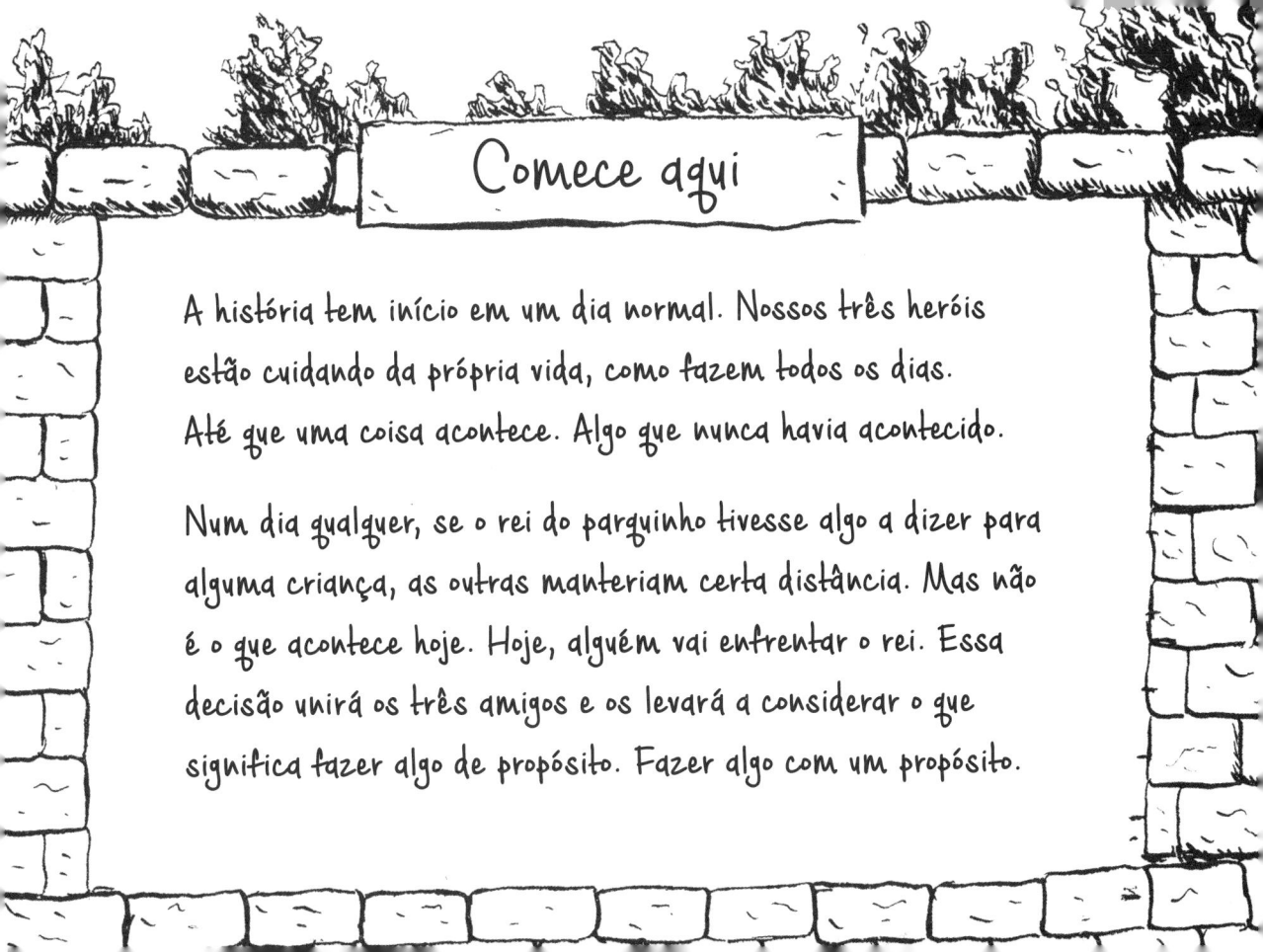

A história tem início em um dia normal. Nossos três heróis estão cuidando da própria vida, como fazem todos os dias. Até que uma coisa acontece. Algo que nunca havia acontecido.

Num dia qualquer, se o rei do parquinho tivesse algo a dizer para alguma criança, as outras manteriam certa distância. Mas não é o que acontece hoje. Hoje, alguém vai enfrentar o rei. Essa decisão unirá os três amigos e os levará a considerar o que significa fazer algo de propósito. Fazer algo com um propósito.

A maioria de nós vive ao sabor do acaso – e se deixa levar pelos acontecimentos.
A realização vem quando vivemos com propósito.

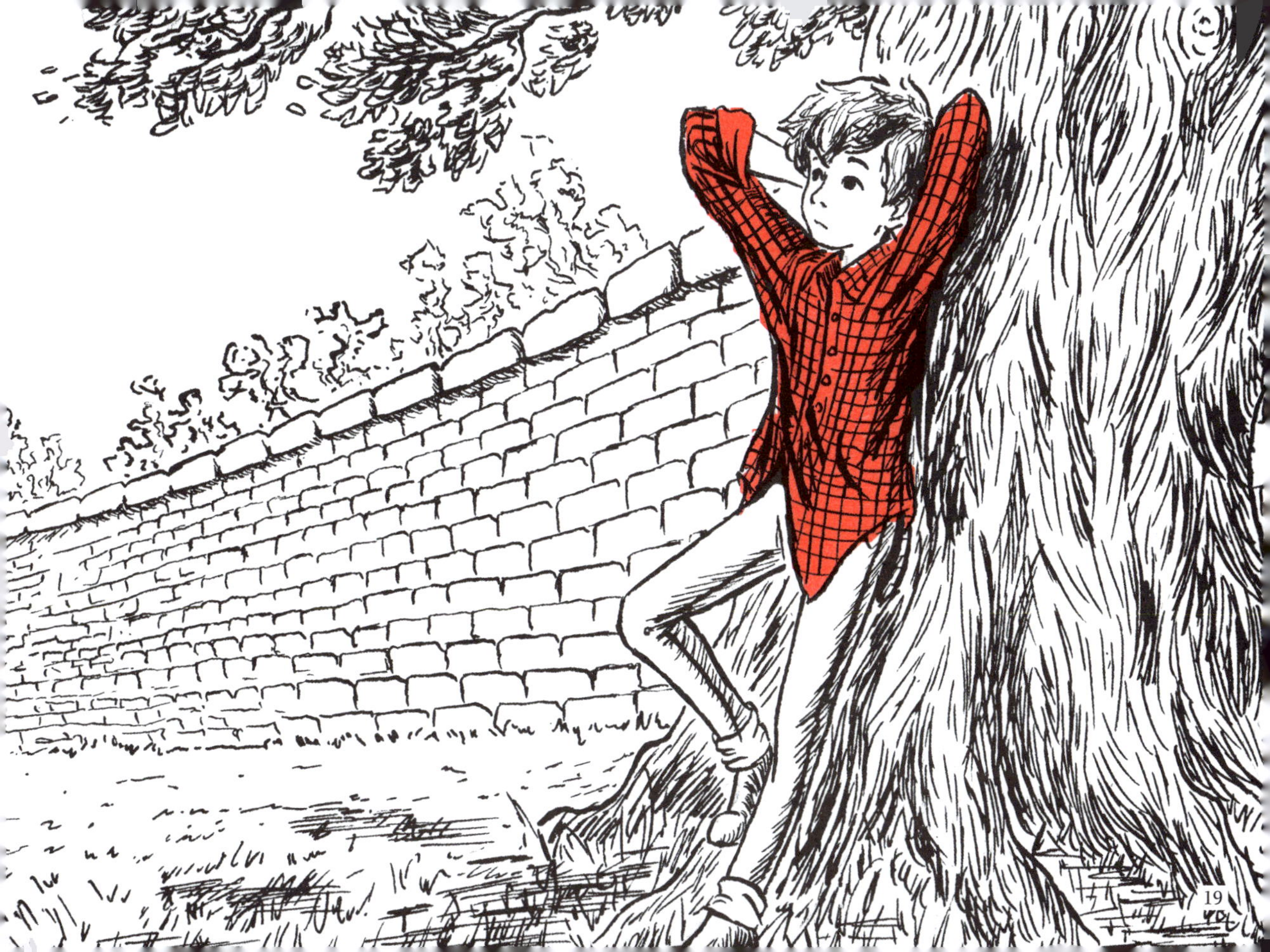

Se você não planeja ficar no seu emprego para sempre, por que está perdendo tempo com ele agora?

Liderar não é estar no comando. Liderar é cuidar daqueles que estão sob o seu comando.

"Existe apenas uma forma de evitar críticas:
não fazer nada, não dizer nada e não ser nada."

– Aristóteles

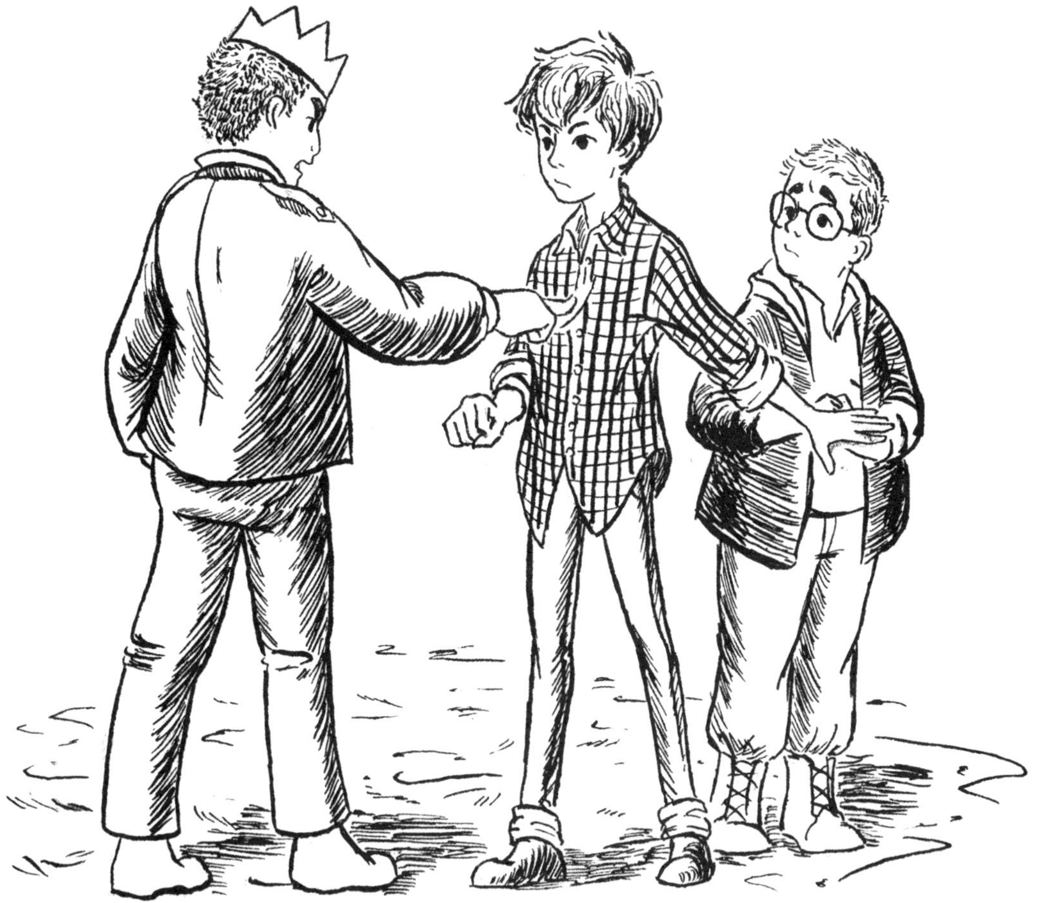

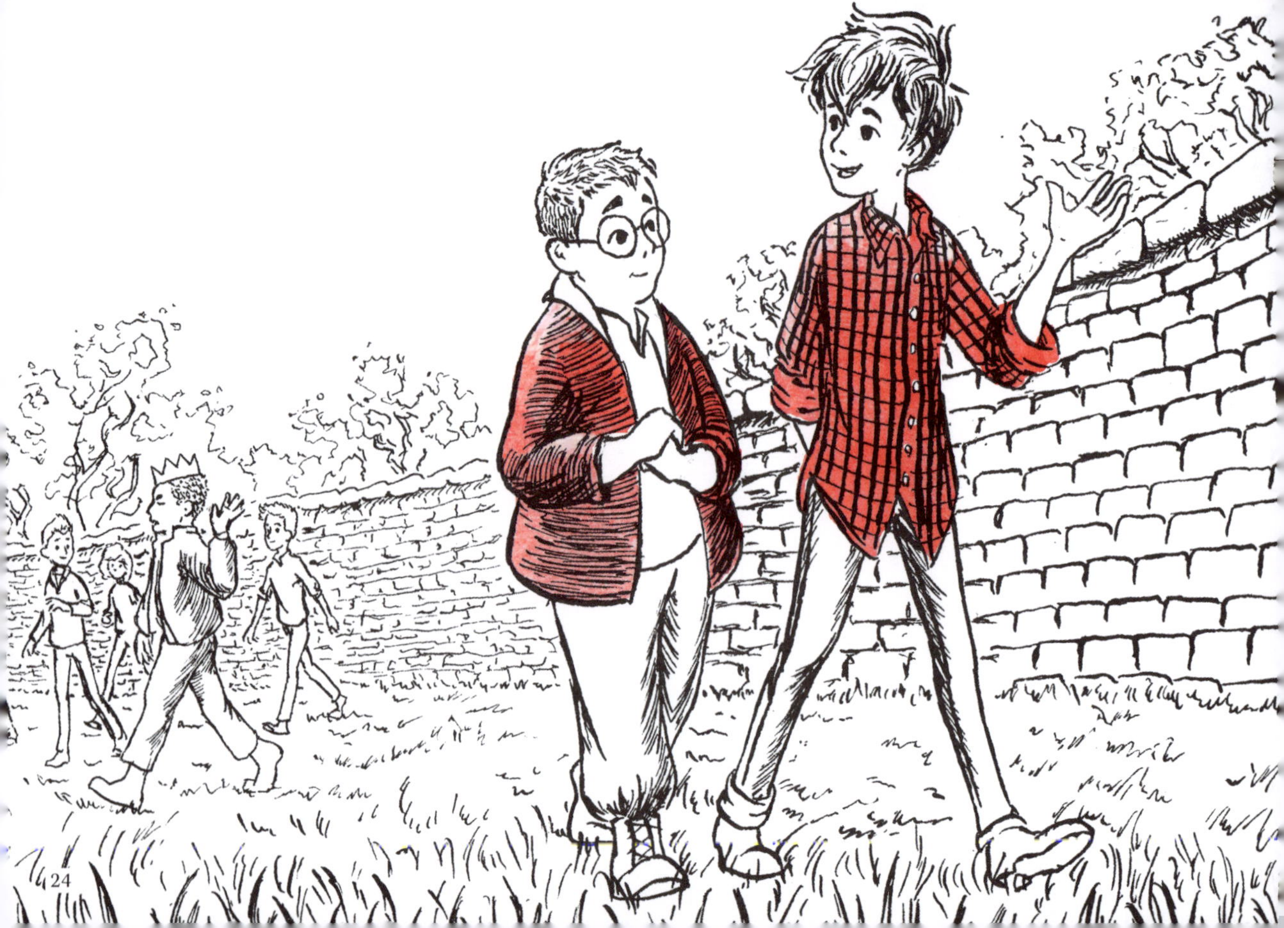

A liderança não é um posto ou um cargo a ser alcançado. É um serviço a ser prestado.

Sob uma má liderança, temos a sensação de trabalhar para a empresa.
Sob uma boa liderança, temos a sensação de trabalhar uns para os outros.

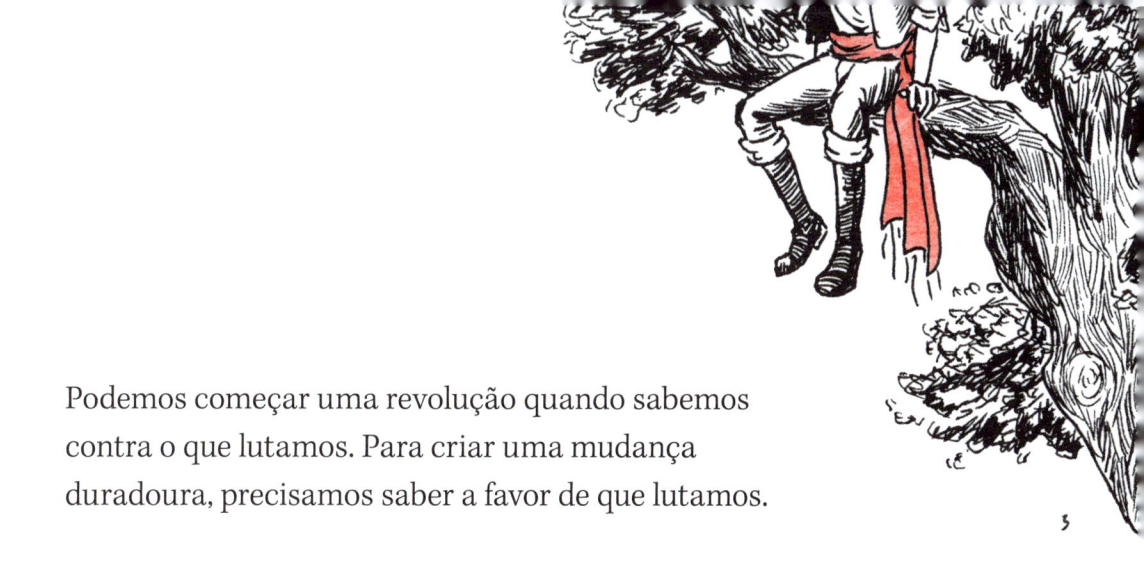

Podemos começar uma revolução quando sabemos contra o que lutamos. Para criar uma mudança duradoura, precisamos saber a favor de que lutamos.

Uma visão é como um sonho – ela desaparece se não fizermos algo a respeito. Faça alguma coisa, grande ou pequena. Pare de se perguntar e comece uma aventura.

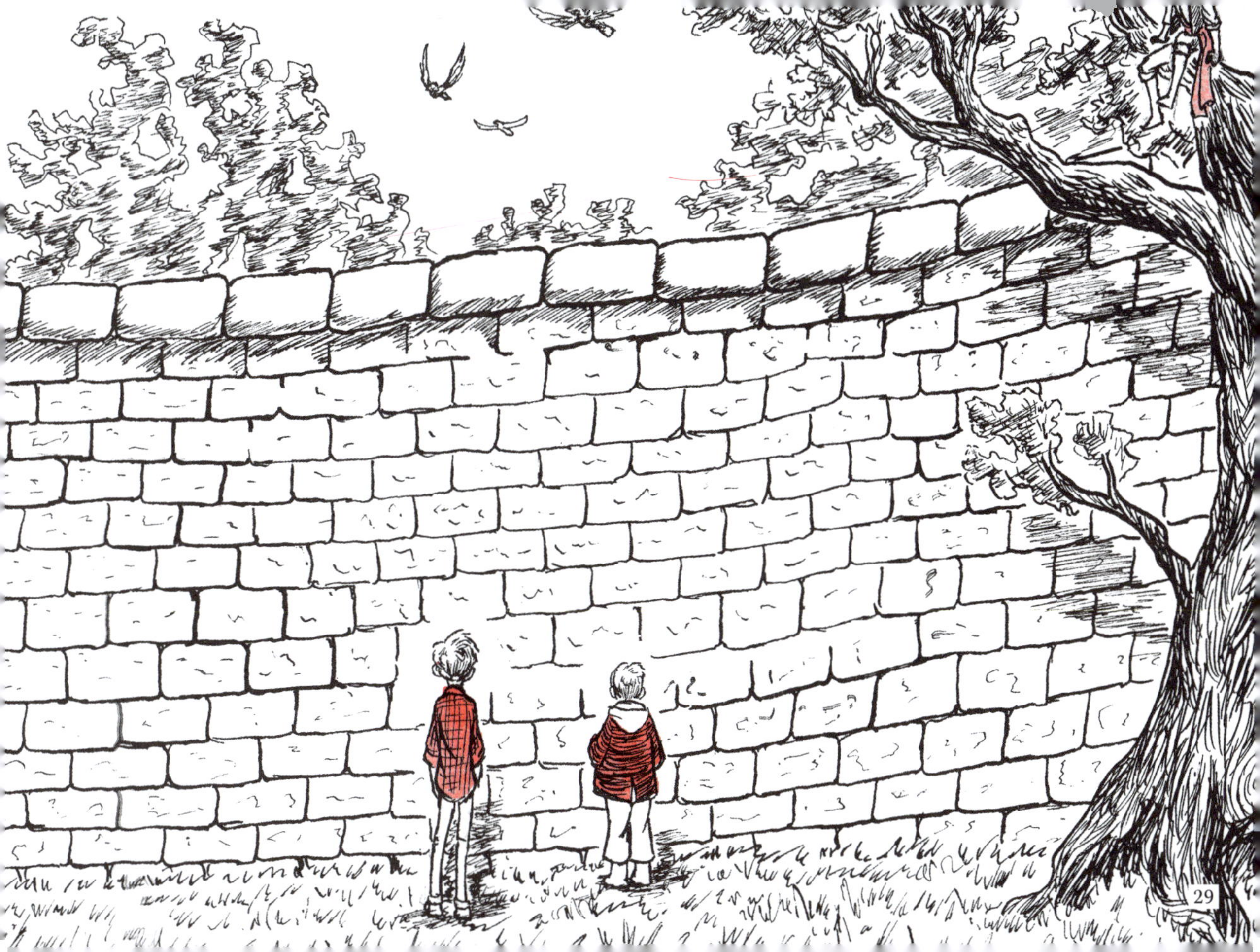

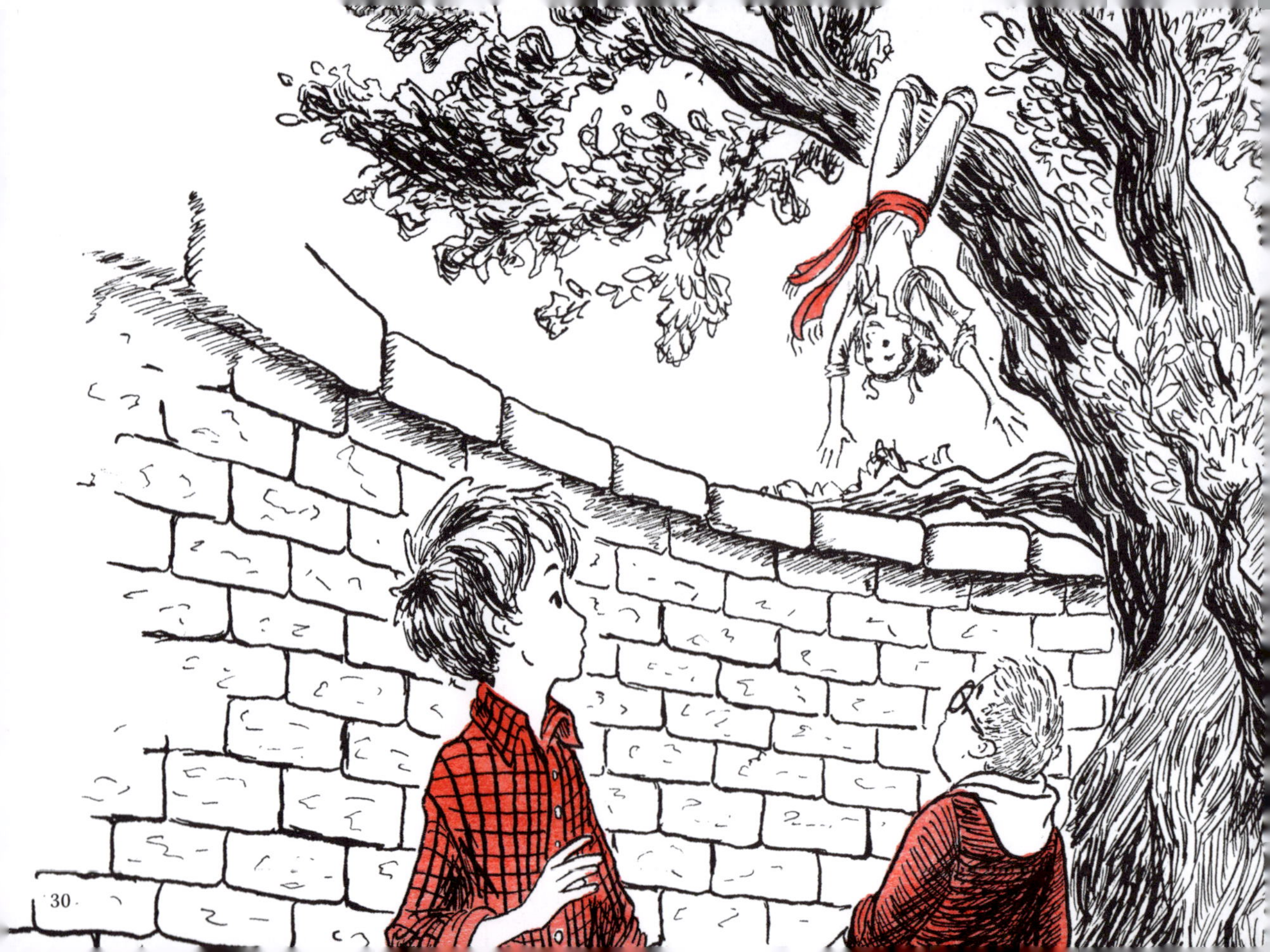

Aquela ideia é fantástica!
Pare de falar sobre ela e
coloque-a em prática.

A genialidade está na ideia.
O impacto vem da ação.

Escolha:
ir sozinho ou ir junto

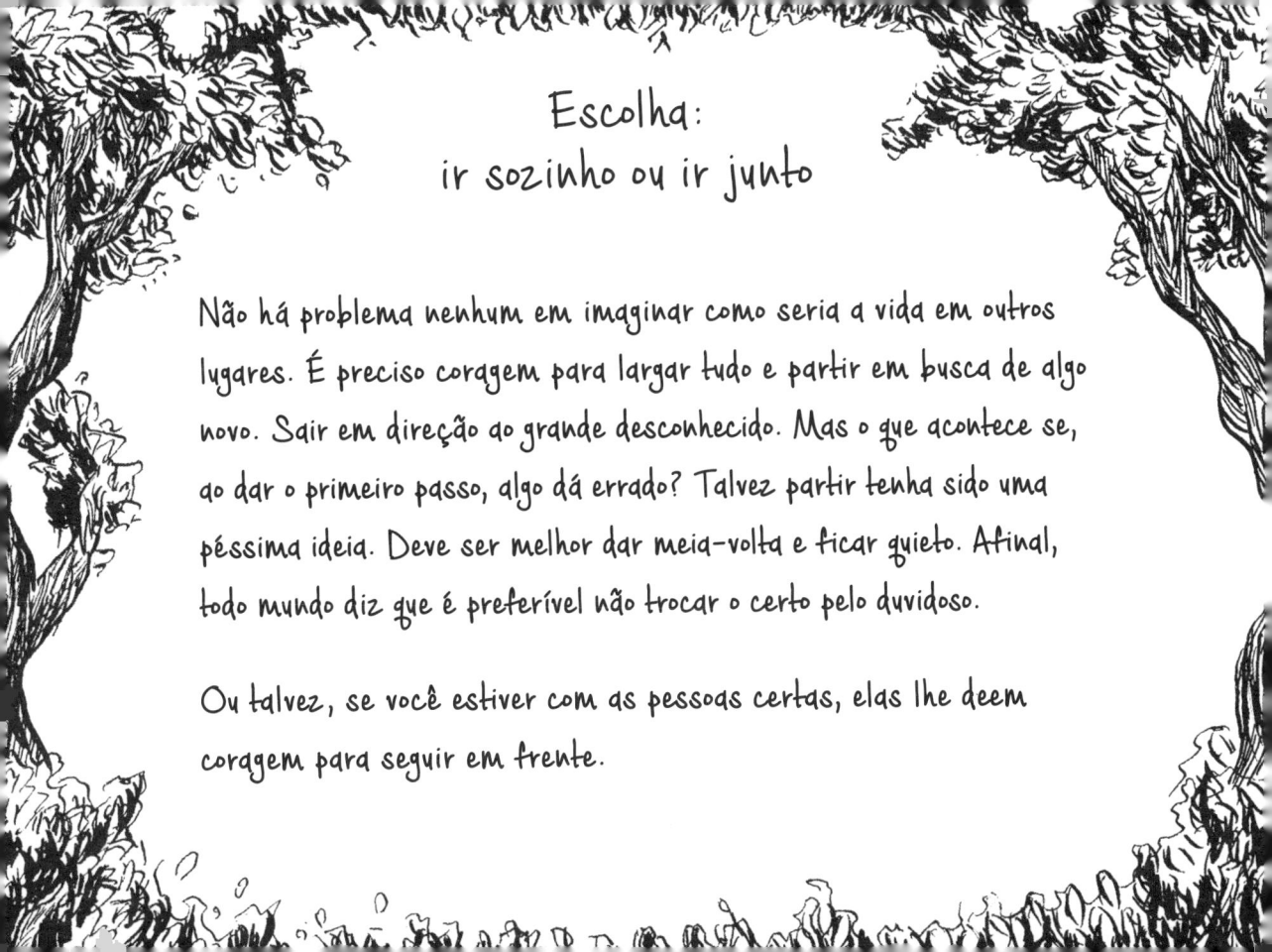

Não há problema nenhum em imaginar como seria a vida em outros lugares. É preciso coragem para largar tudo e partir em busca de algo novo. Sair em direção ao grande desconhecido. Mas o que acontece se, ao dar o primeiro passo, algo dá errado? Talvez partir tenha sido uma péssima ideia. Deve ser melhor dar meia-volta e ficar quieto. Afinal, todo mundo diz que é preferível não trocar o certo pelo duvidoso.

Ou talvez, se você estiver com as pessoas certas, elas lhe deem coragem para seguir em frente.

Não importa quando começamos.
Não importa onde começamos.
Tudo o que importa é começar.

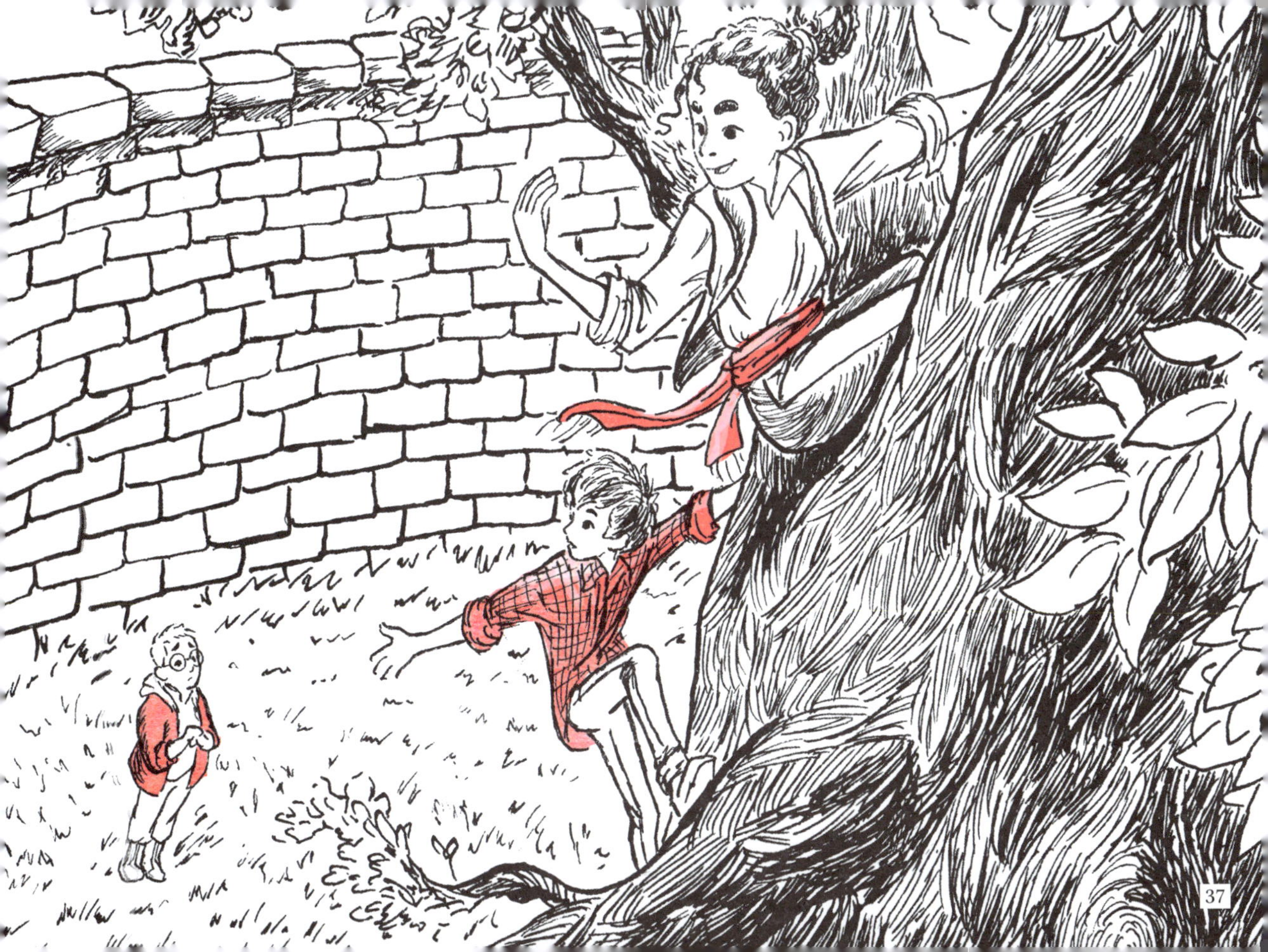

De que vale um peito se não há uma chama acesa dentro dele?
Desperte, reacenda sua paixão e mãos à obra!

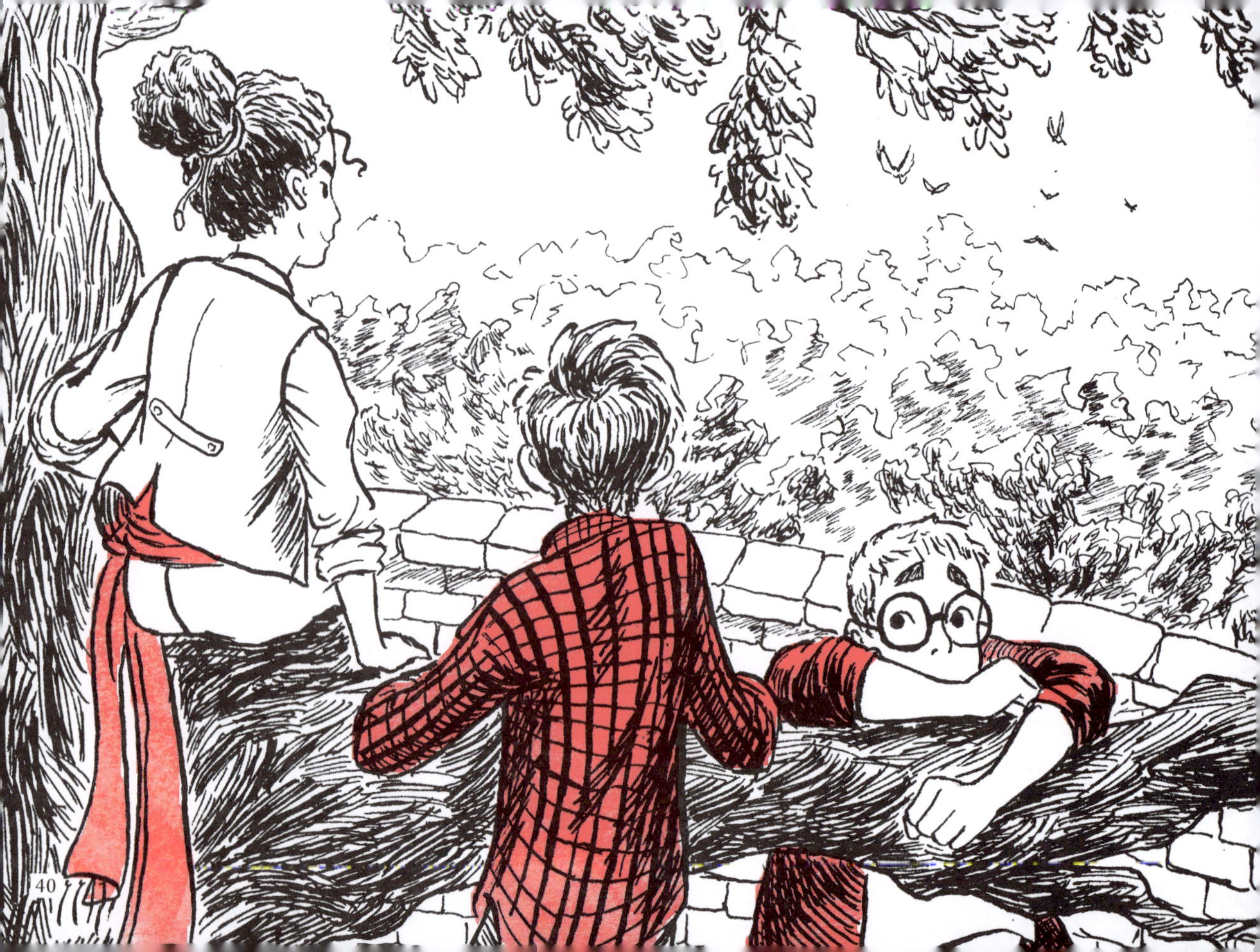

Conquistamos muito mais quando corremos atrás do sonho, não da concorrência.

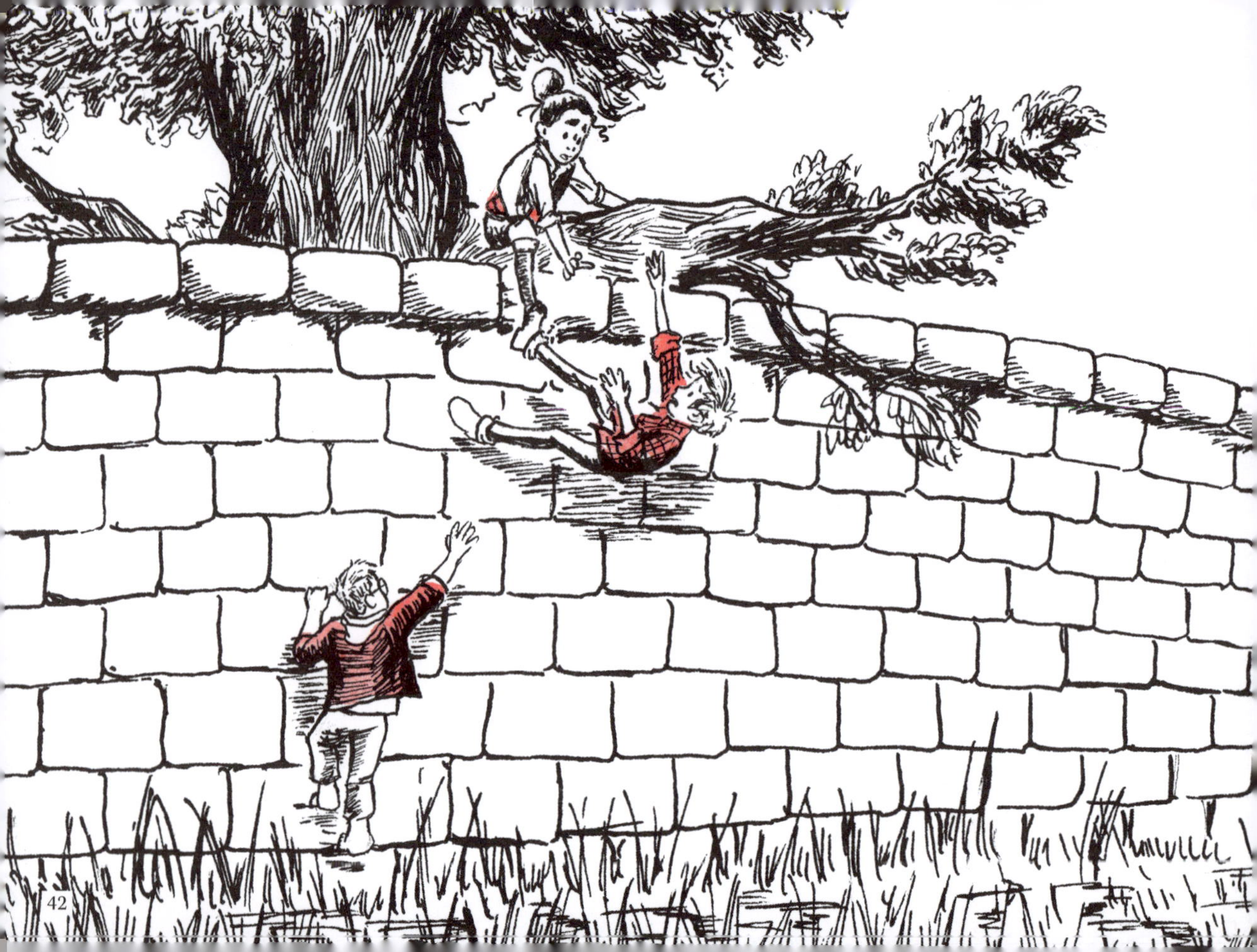

"Seguro" é um bom adjetivo para carros e brinquedos.
A vida exige riscos se queremos chegar a algum lugar.

Os líderes nos dão a oportunidade de tentar e fracassar,
e depois nos dão outra oportunidade de tentar e conseguir.

Encontre uma visão

Existem dois modos de fazer uma viagem: deixando algo para trás ou indo em direção a alguma coisa. E se você não souber para onde ir? "Descubra um trabalho que você ama", nos dizem. "Encontre sua paixão e faça isso." São conselhos bons mas, ao mesmo tempo, perfeitamente inúteis.

Se soubéssemos para onde ir, não estaríamos nos sentindo assim agora. Além do mais, podemos levar a vida inteira tentando encontrar a resposta para essa pergunta…

… ou podemos encontrar alguém que já tenha conseguido, como nossos três amigos logo irão descobrir.

A insatisfação pode facilmente nos levar a deixar algo para trás. Mas somente com uma visão clara, não importa de onde nem de quem venha, podemos encontrar a inspiração para partir em uma jornada rumo a algo maior.

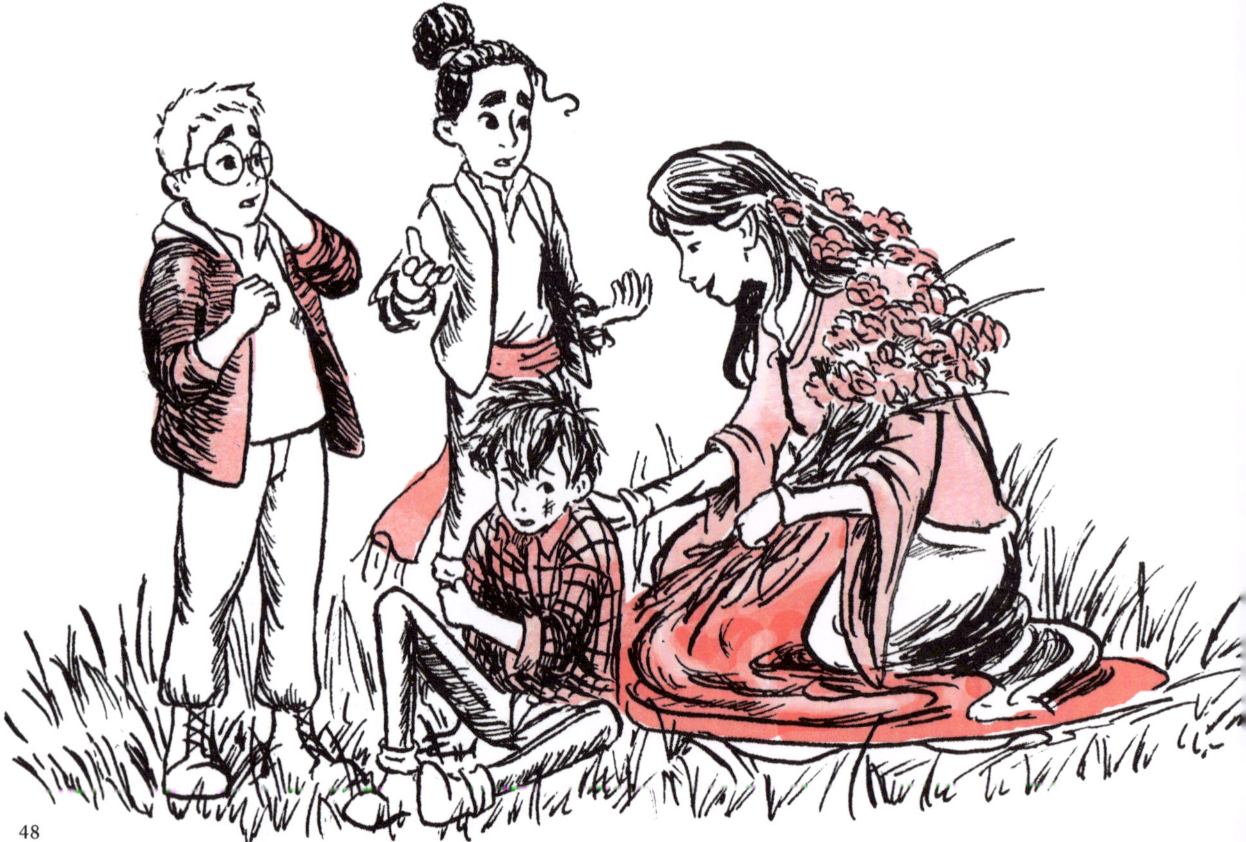

Quando dizemos em voz alta que não sabemos, aumentam as chances de alguém que sabe nos oferecer ajuda.

Inovadores são aqueles cujos sonhos são mais nítidos do que a realidade que diz a eles que estão loucos.

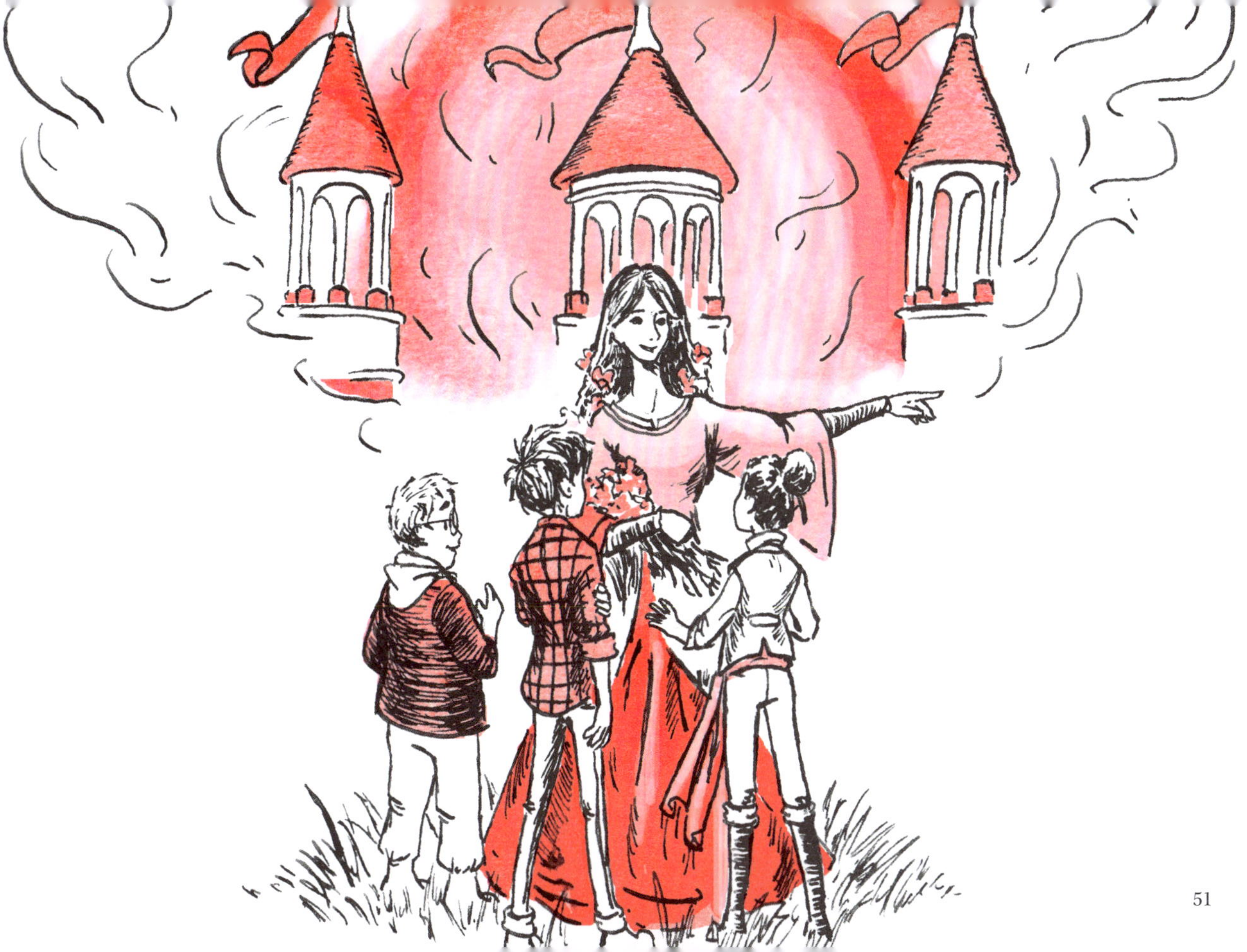

A melhor forma de descobrir se vai dar certo é fazendo.

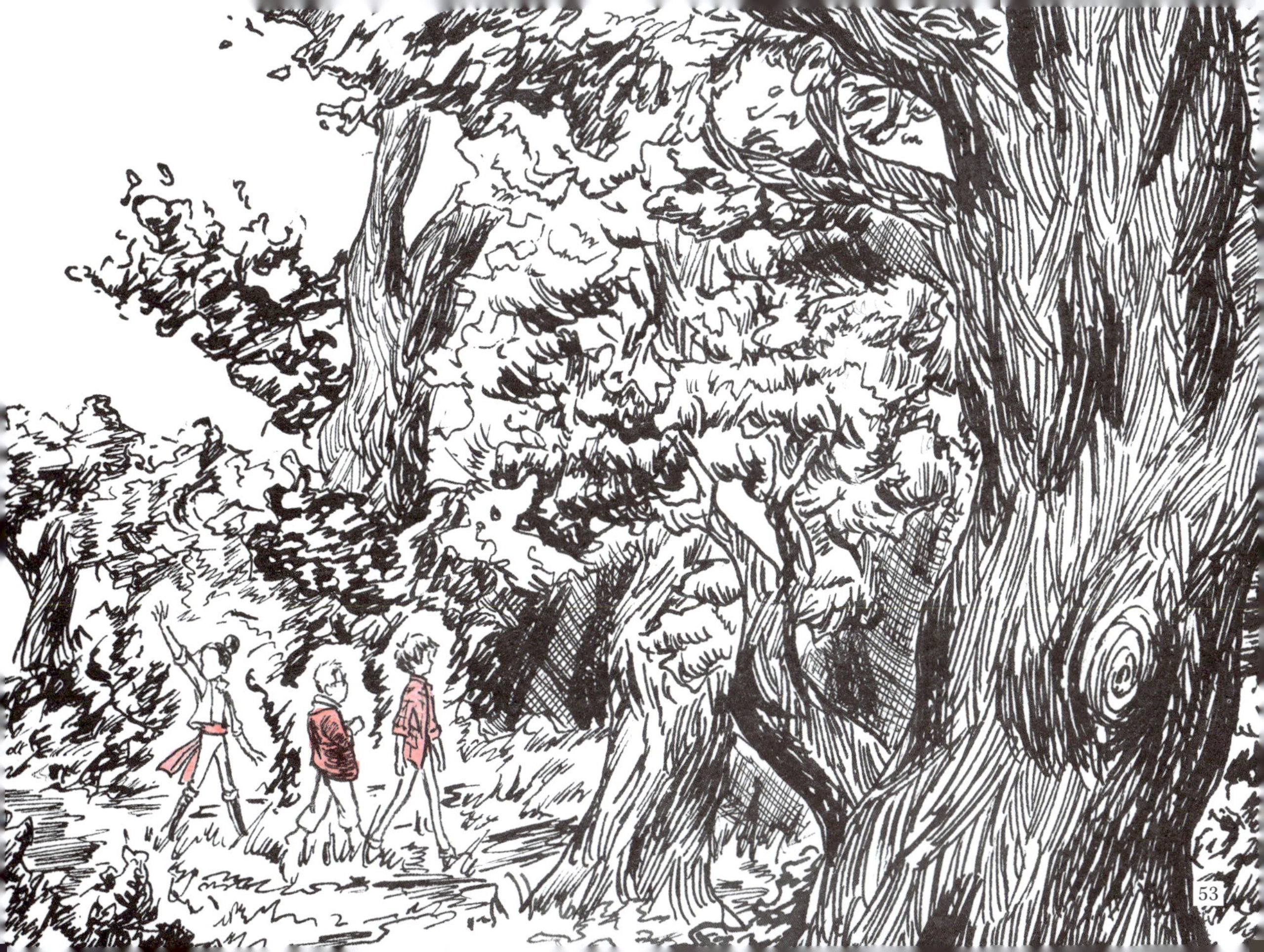

Sempre se planeje para o fato de que nenhum plano sai conforme o planejado.

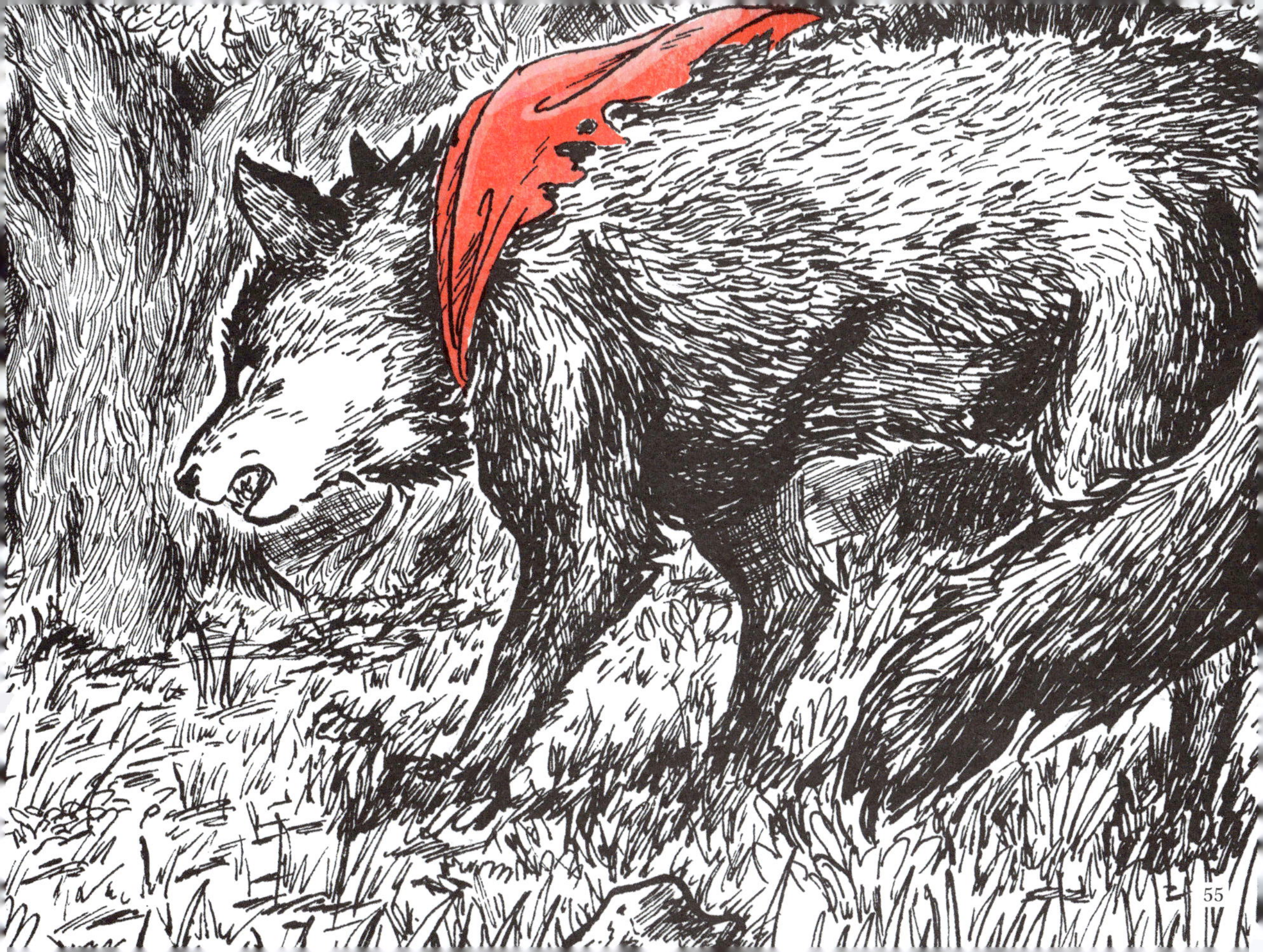

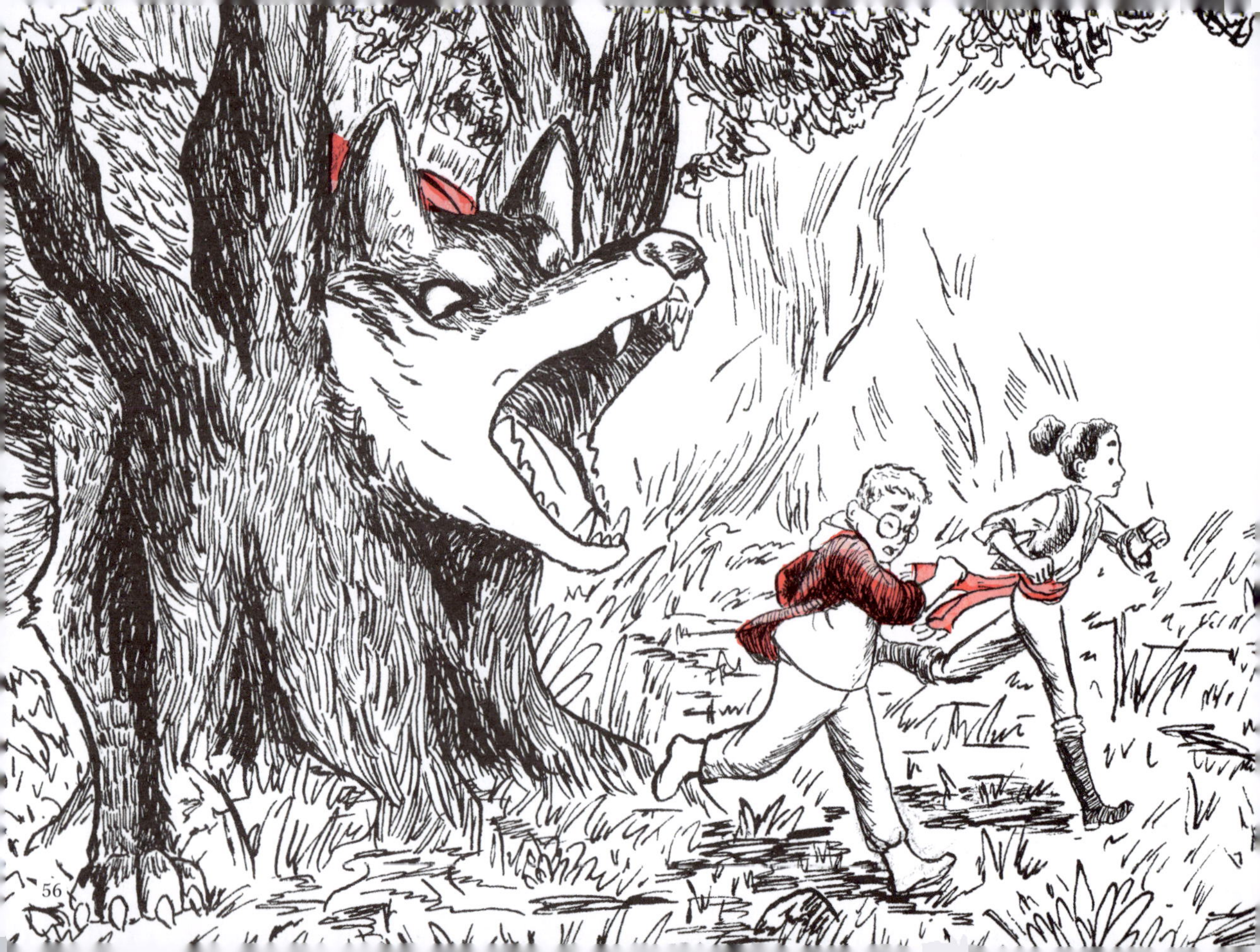

Se o desafio que estamos enfrentando não nos assusta, ele provavelmente não é tão importante assim.

Quando nos fechamos para ideias, o que escutamos são críticas.
Quando nos abrimos para críticas, o que recebemos são conselhos.

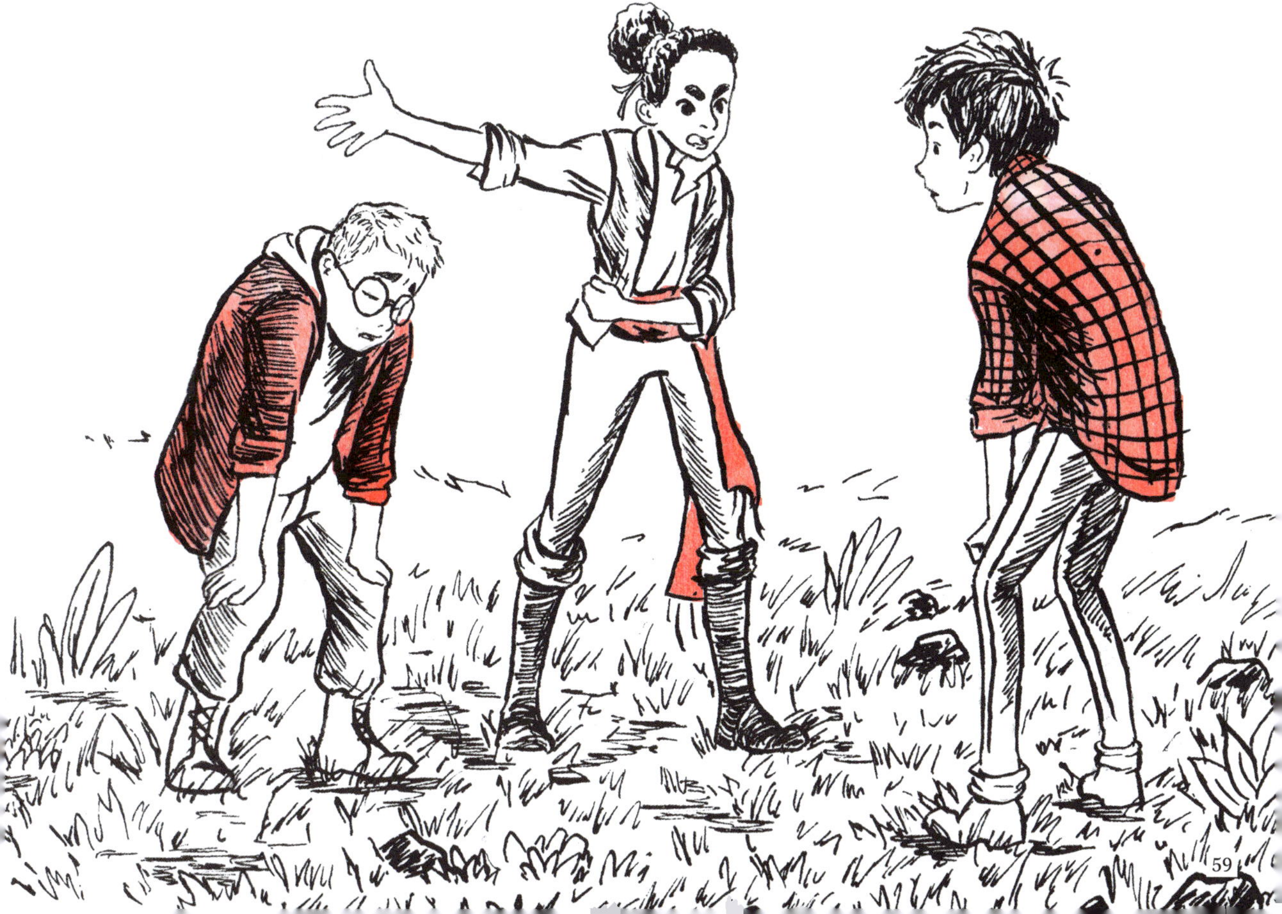

Maus líderes se importam em saber quem está certo.
Bons líderes se importam em saber o que é certo.

Não reclame. Contribua.

Seja perseverante

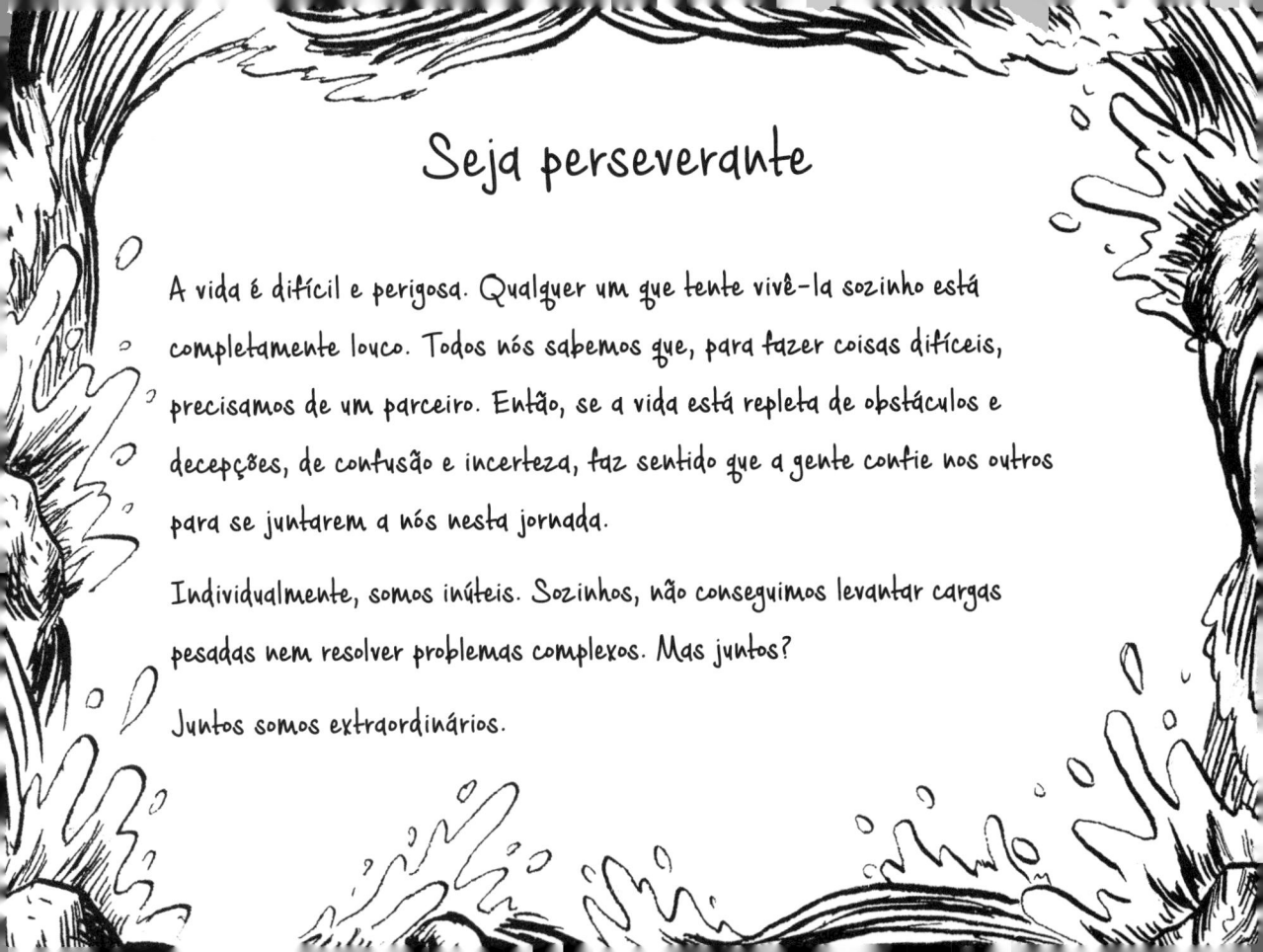

A vida é difícil e perigosa. Qualquer um que tente vivê-la sozinho está completamente louco. Todos nós sabemos que, para fazer coisas difíceis, precisamos de um parceiro. Então, se a vida está repleta de obstáculos e decepções, de confusão e incerteza, faz sentido que a gente confie nos outros para se juntarem a nós nesta jornada.

Individualmente, somos inúteis. Sozinhos, não conseguimos levantar cargas pesadas nem resolver problemas complexos. Mas juntos?

Juntos somos extraordinários.

64

Equipes ruins trabalham no mesmo lugar.
Boas equipes trabalham juntas.

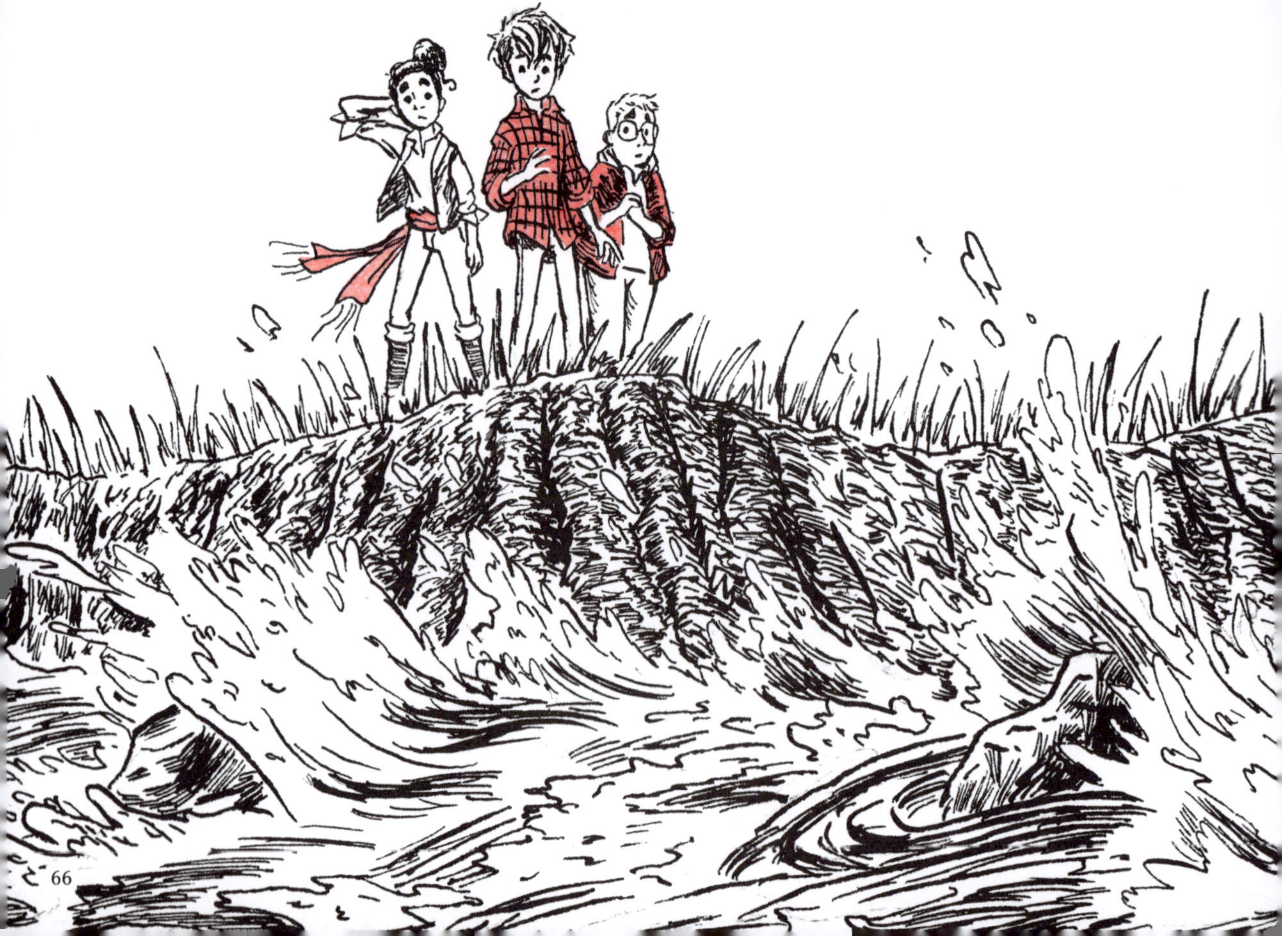

A capacidade de um grupo de fazer coisas extraordinárias depende de como as pessoas se saem trabalhando em equipe.

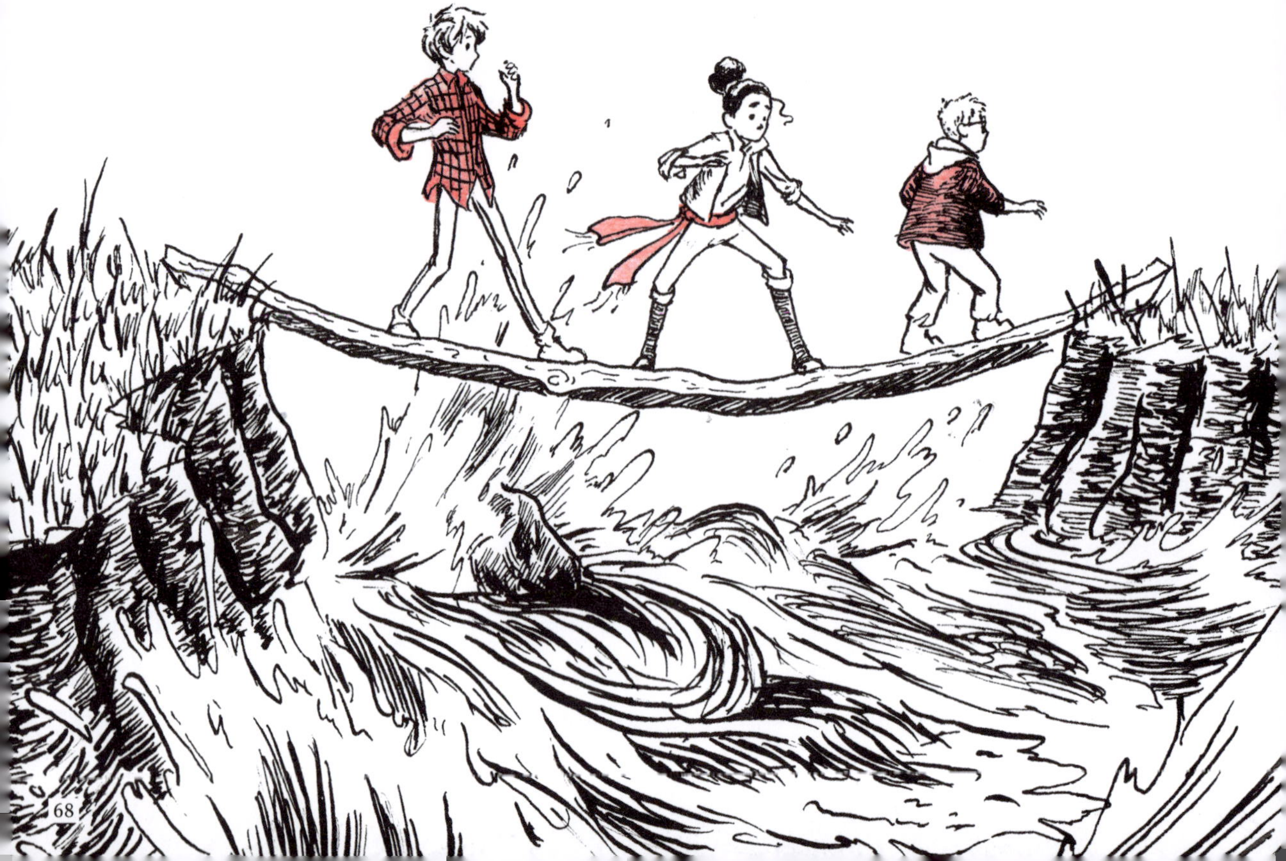

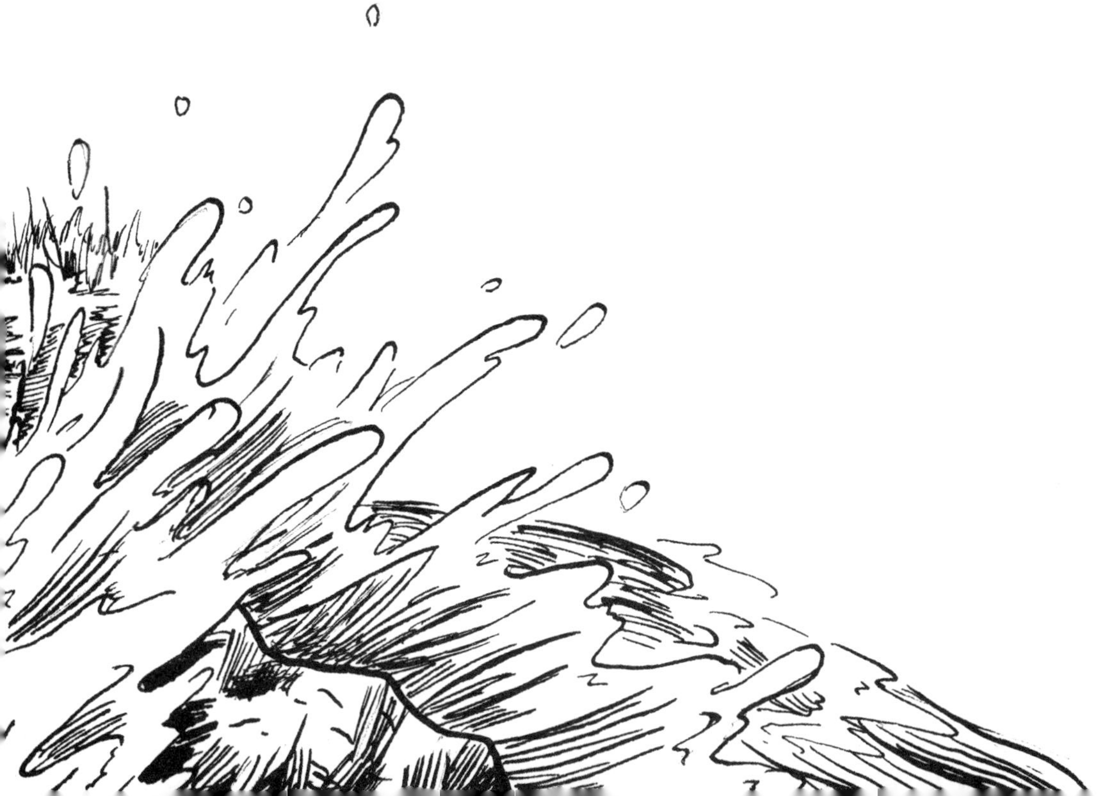

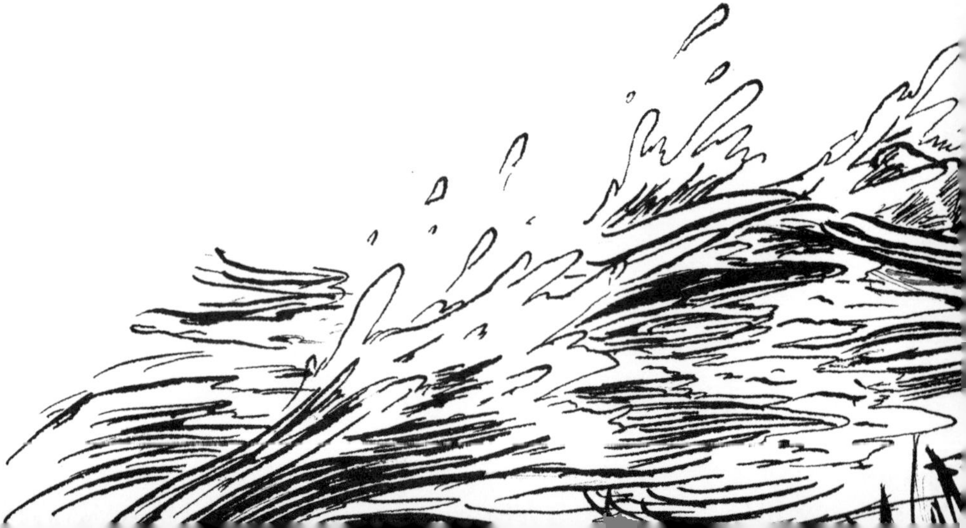

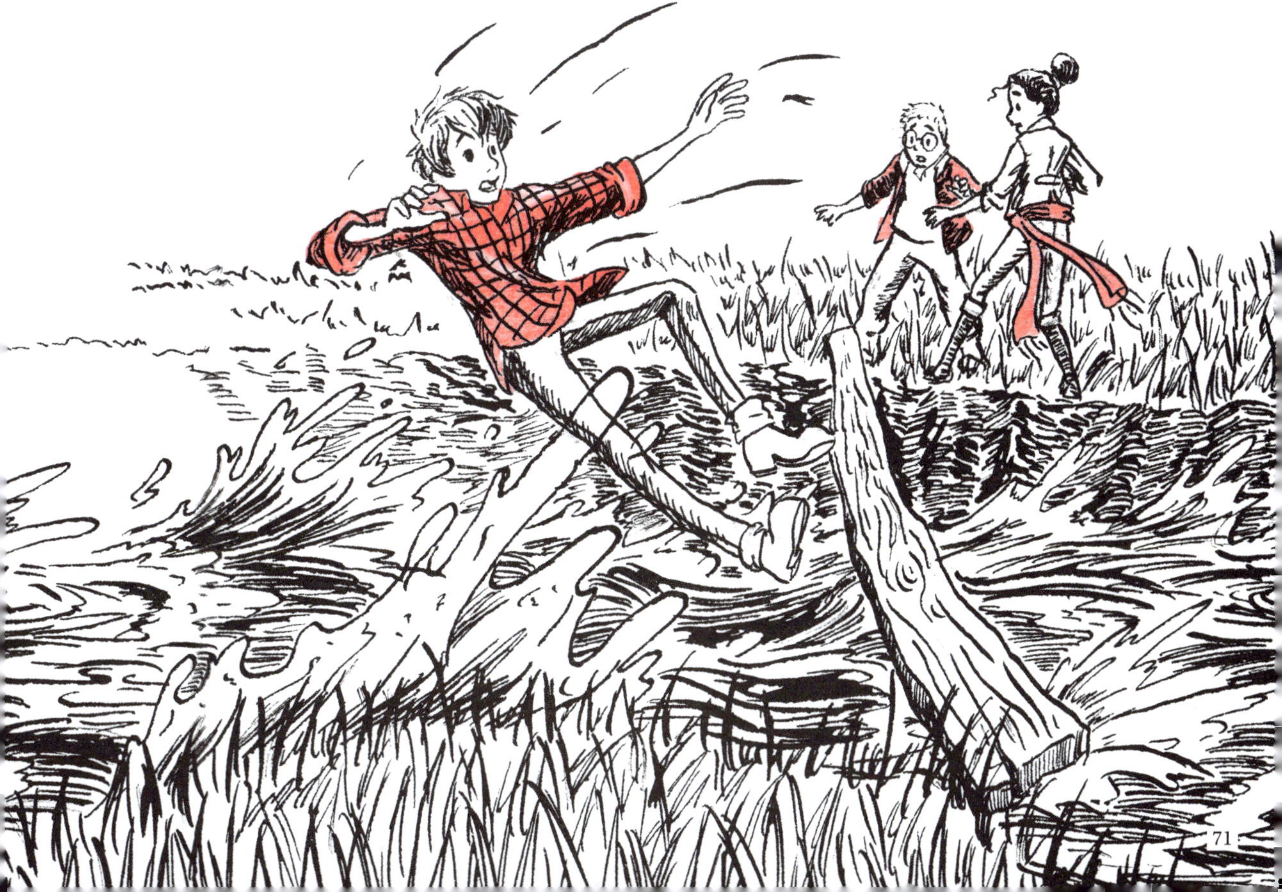

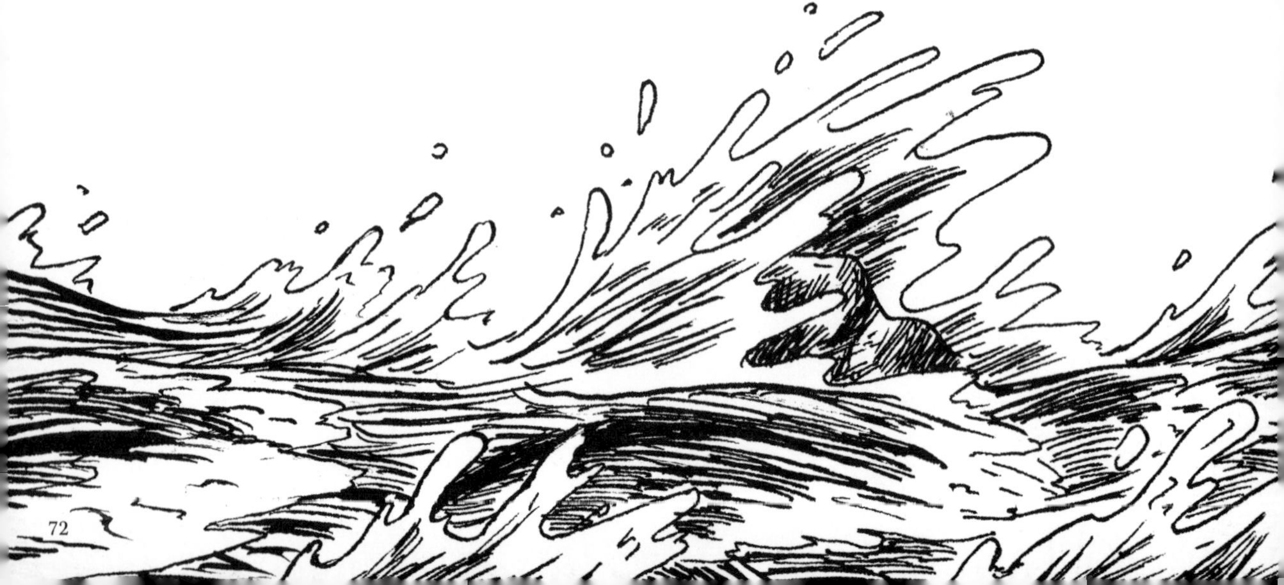

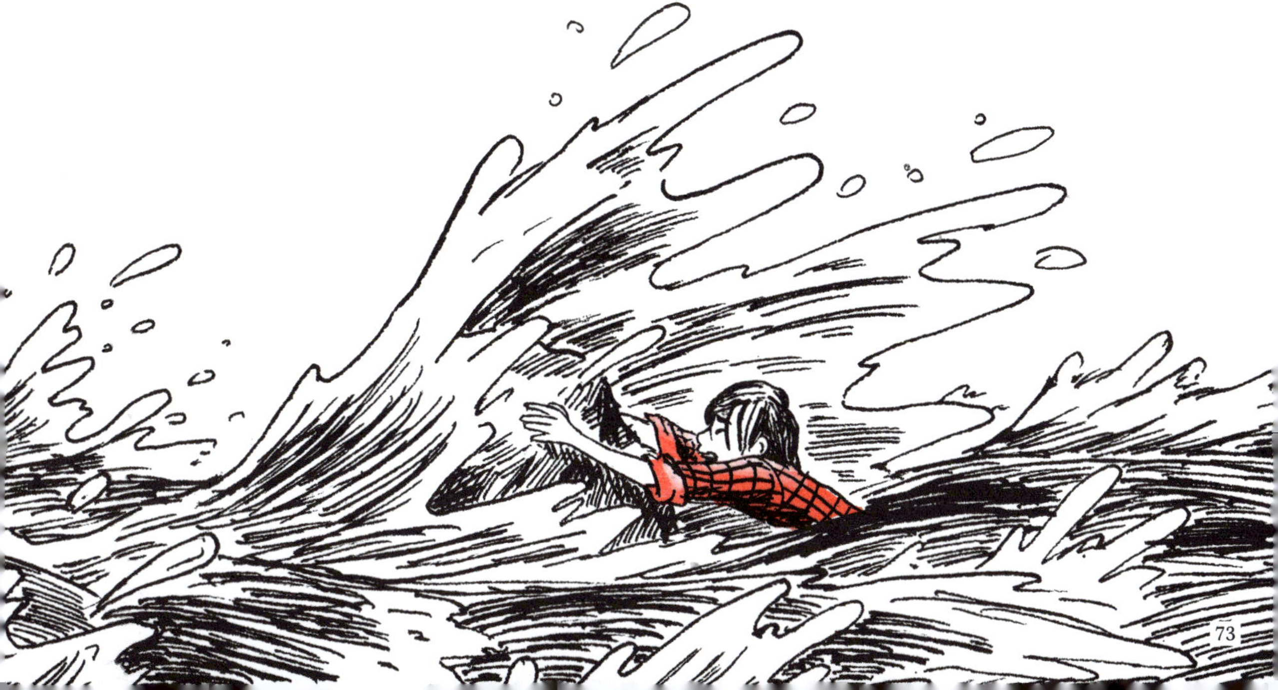

É impossível conseguir sozinho.
Portanto, não finja que você consegue.

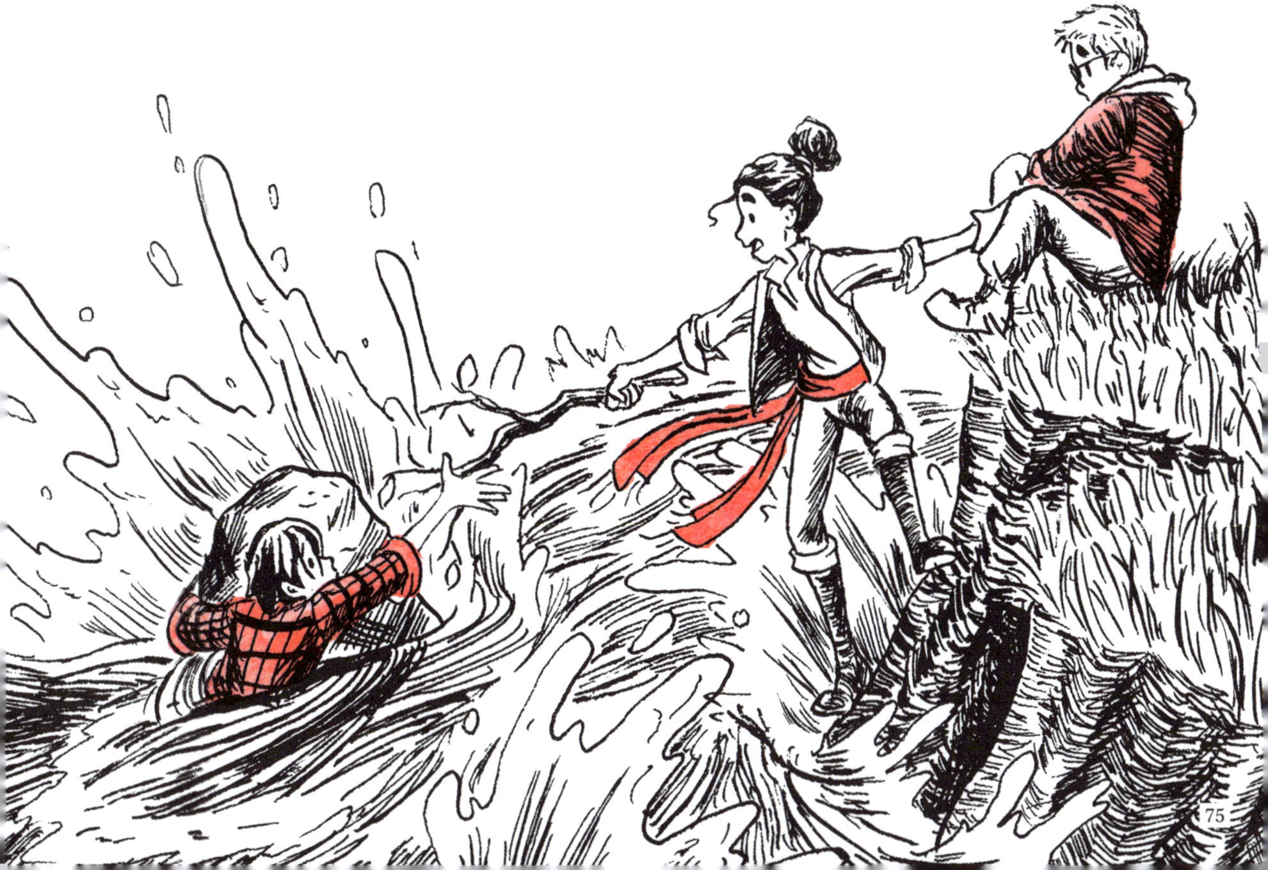

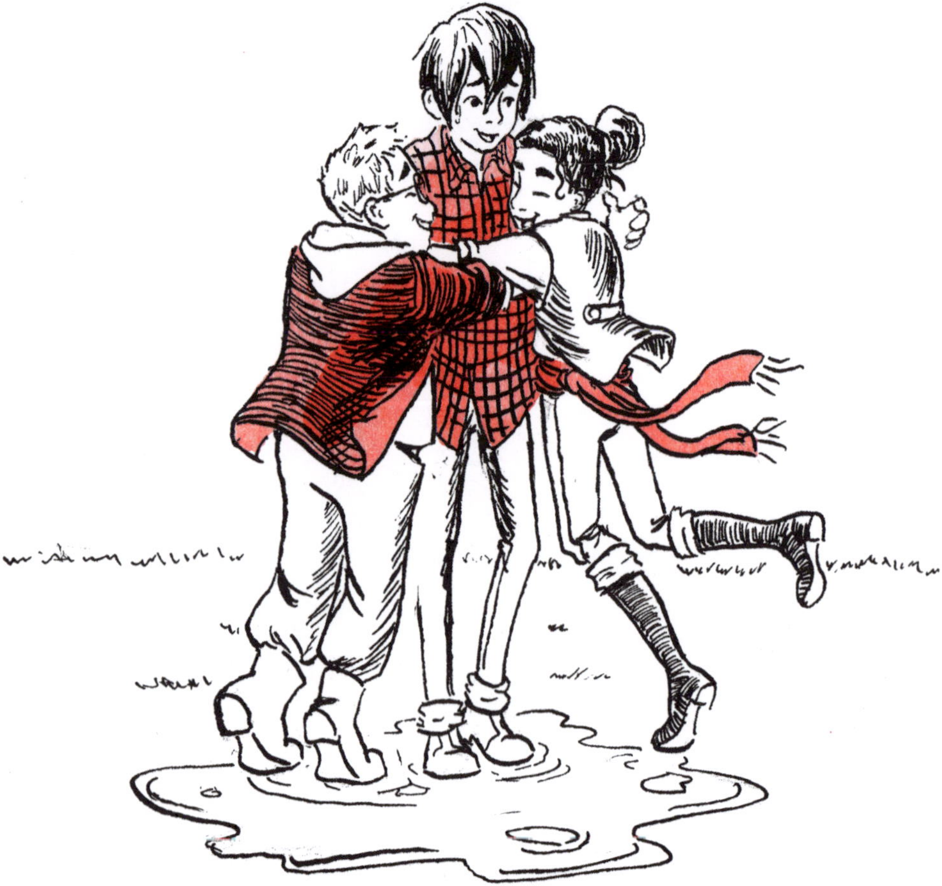

Juntos somos melhores.

Uma equipe não é um grupo de pessoas que trabalham juntas.
Uma equipe é um grupo de pessoas que confiam umas nas outras.

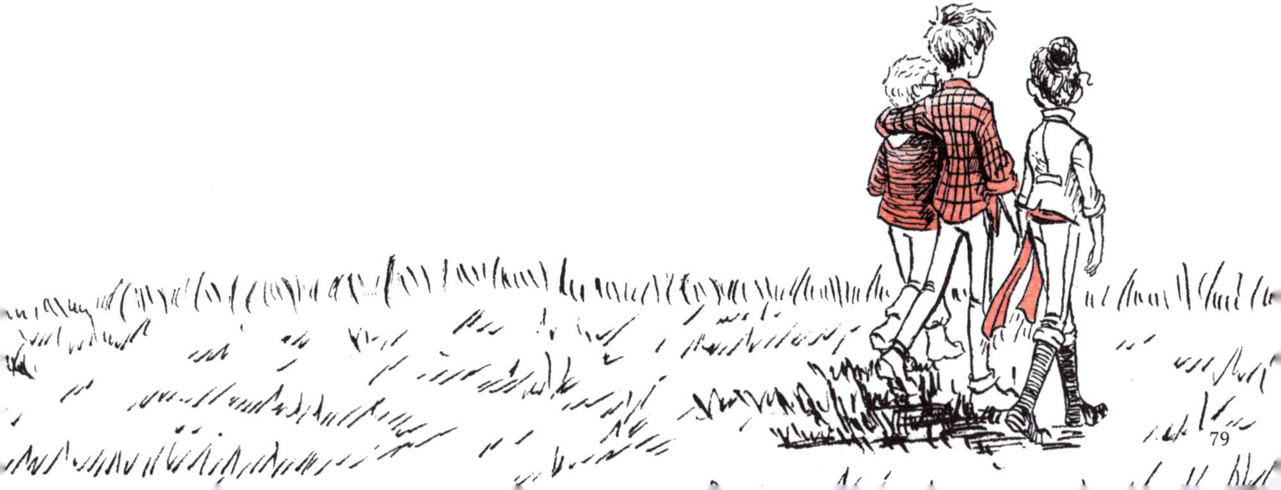

Um bom líder nos inspira a ter confiança no que ele pode fazer.
Um grande líder nos inspira a ter confiança no que nós podemos fazer.

Sucesso é quando a realidade se parece com o que está na nossa imaginação.

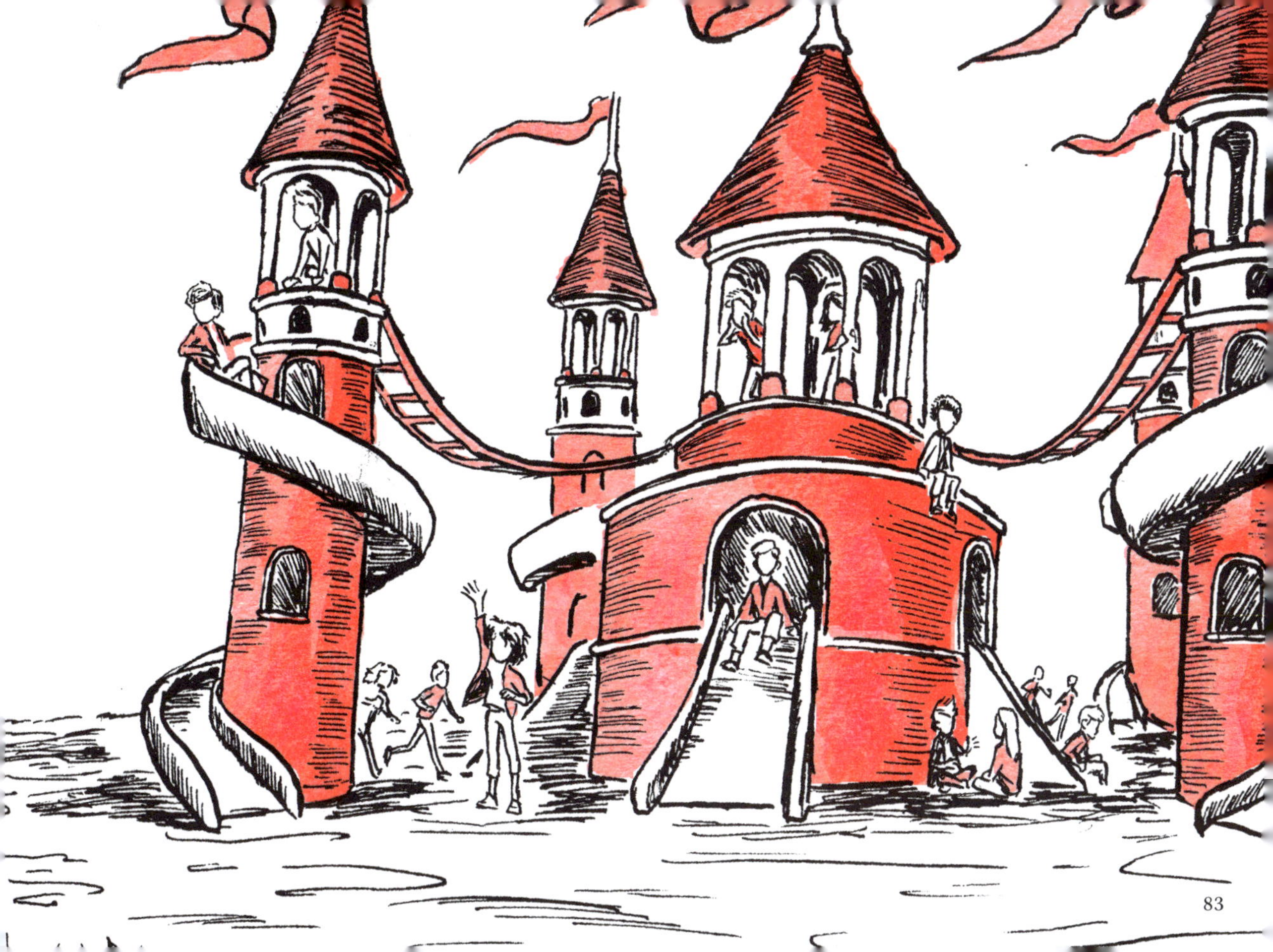

O entusiasmo vem da conquista.
A realização vem do caminho
percorrido para se chegar lá.

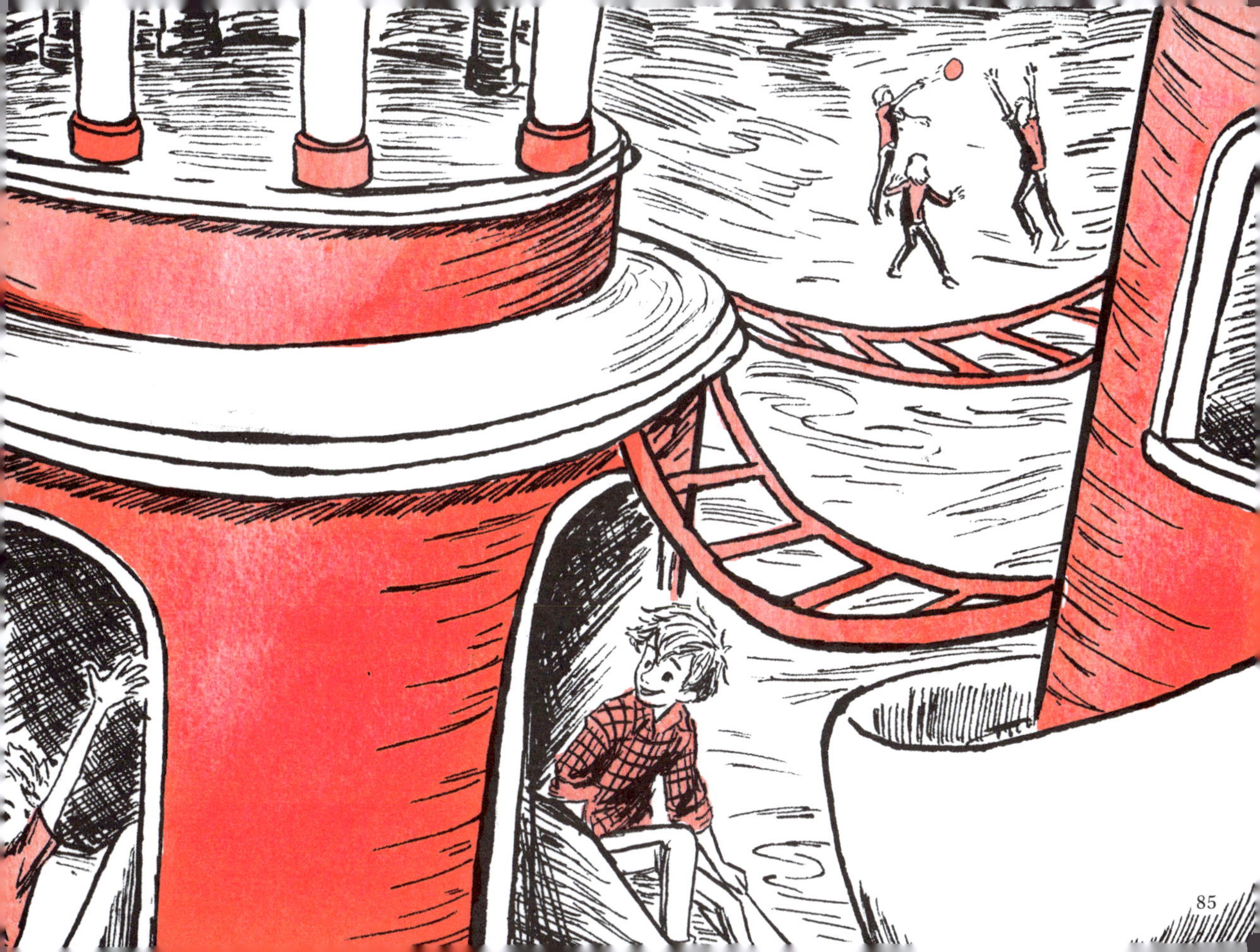

Tentação

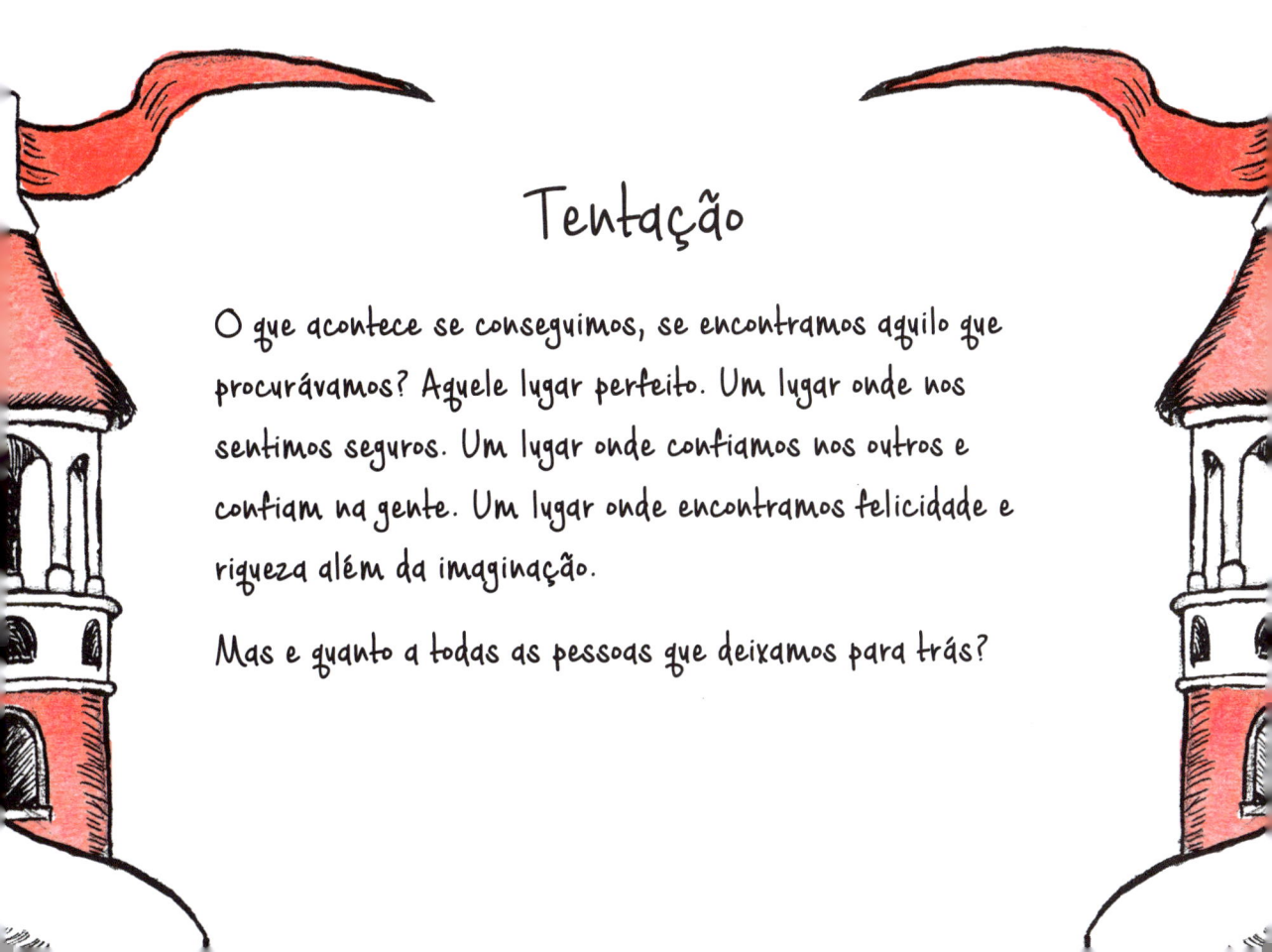

O que acontece se conseguimos, se encontramos aquilo que procurávamos? Aquele lugar perfeito. Um lugar onde nos sentimos seguros. Um lugar onde confiamos nos outros e confiam na gente. Um lugar onde encontramos felicidade e riqueza além da imaginação.

Mas e quanto a todas as pessoas que deixamos para trás?

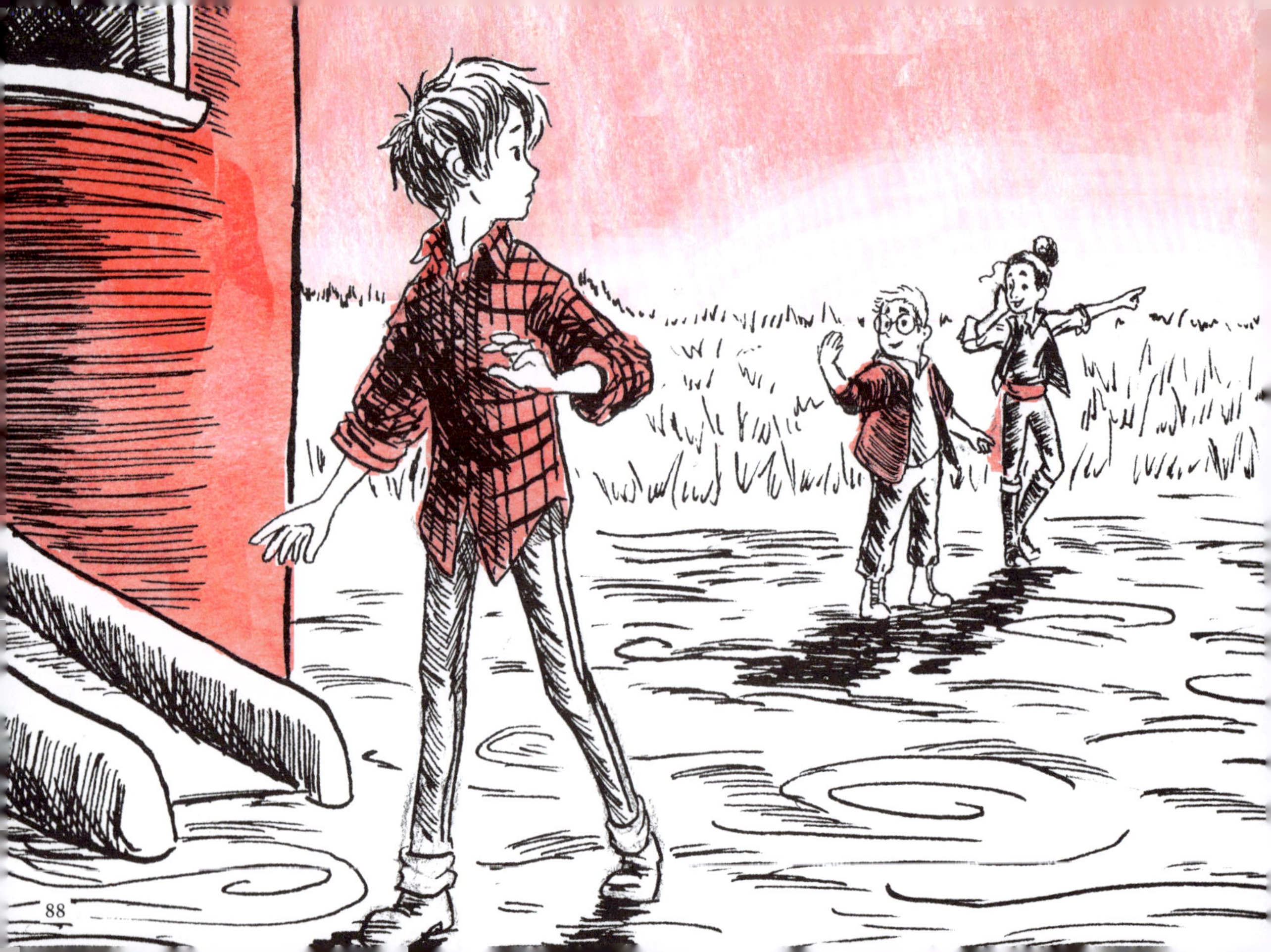

Nosso maior teste não está no caminho
que percorremos rumo ao sucesso.
Nosso maior teste é o que fazemos com o
sucesso quando o encontramos.

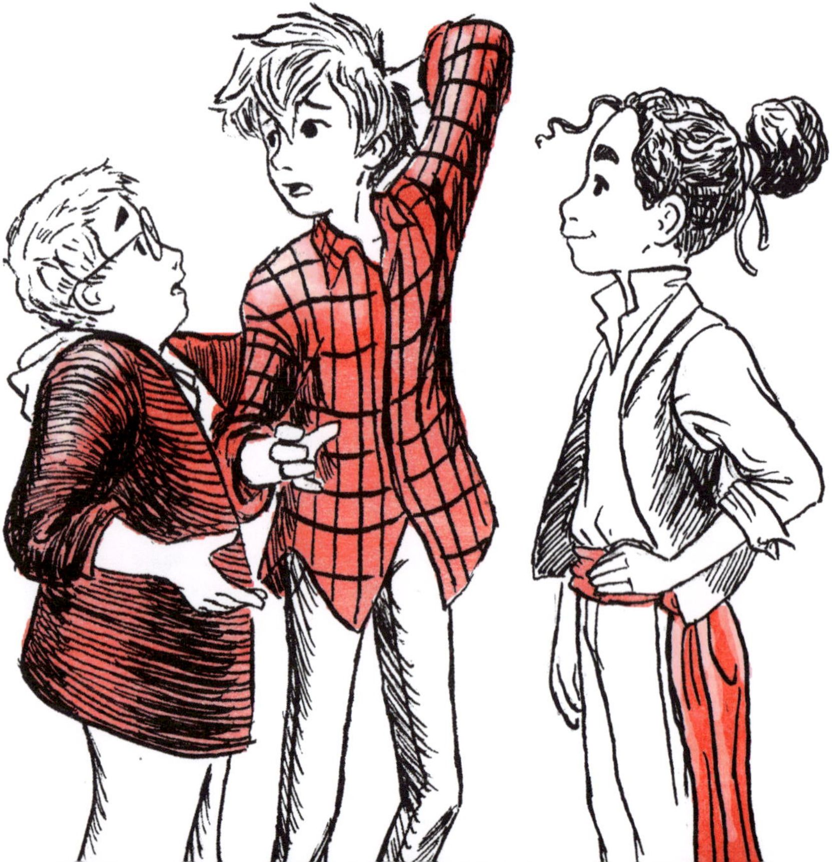

O valor de nossa vida não é determinado pelo que fazemos
por nós mesmos.
O valor de nossa vida é determinado pelo que fazemos pelos outros.

A oportunidade não é a de descobrir a companhia perfeita para nós.
A oportunidade é a de construirmos a companhia perfeita uns para os outros.

O retorno

A liderança é uma prática diária. Quanto mais praticamos trabalhar levando em consideração a vida dos outros, mesmo às custas dos nossos interesses, melhores nos tornamos no seu exercício. Tal como um músculo, quanto mais praticamos a liderança, mais fortes nos tornamos. E o mais importante: quanto mais fortes nos tornamos, mais fortes se tornam também aqueles que nos cercam. É nesse ponto que os desafios gigantescos que enfrentamos sozinhos se tornam, como num passe de mágica, simples de serem solucionados pela equipe.

96

É um luxo colocar nossos interesses em primeiro lugar. É uma honra colocar os interesses dos outros acima dos nossos.

Nossas dificuldades são os passos de curto prazo que devemos dar no caminho para o sucesso de longo prazo.

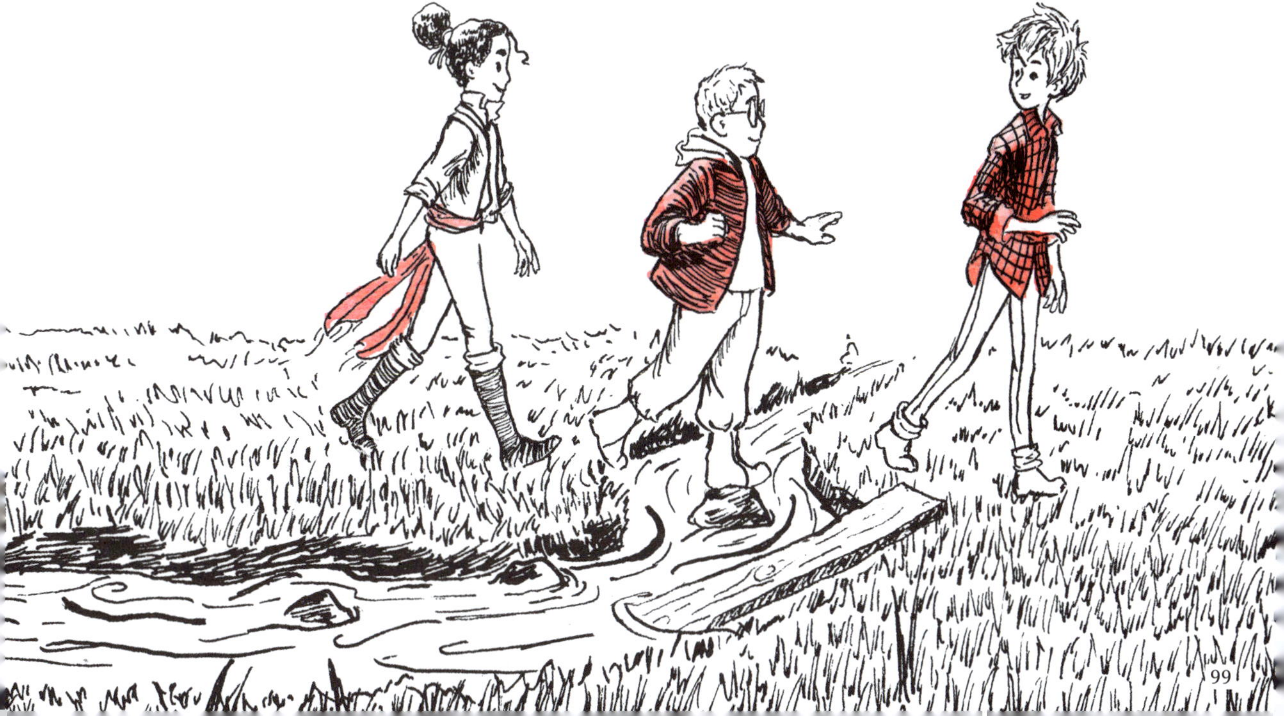

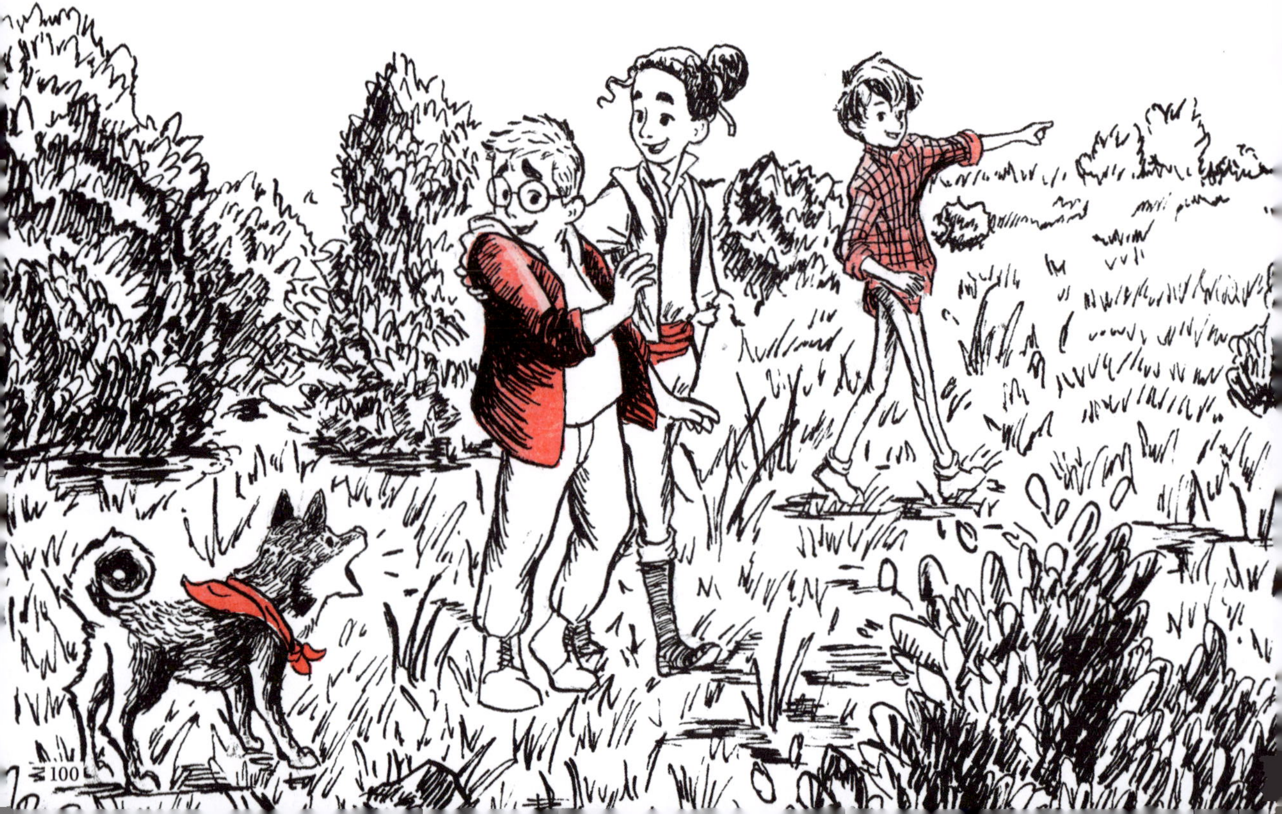

A liderança é um aprendizado.
E os melhores líderes se consideram
alunos, não professores.

A realização não nasce do sonho.
A realização nasce da jornada.

A vida é bela não por causa das coisas que vemos ou fazemos.
A vida é bela por causa das pessoas que conhecemos.

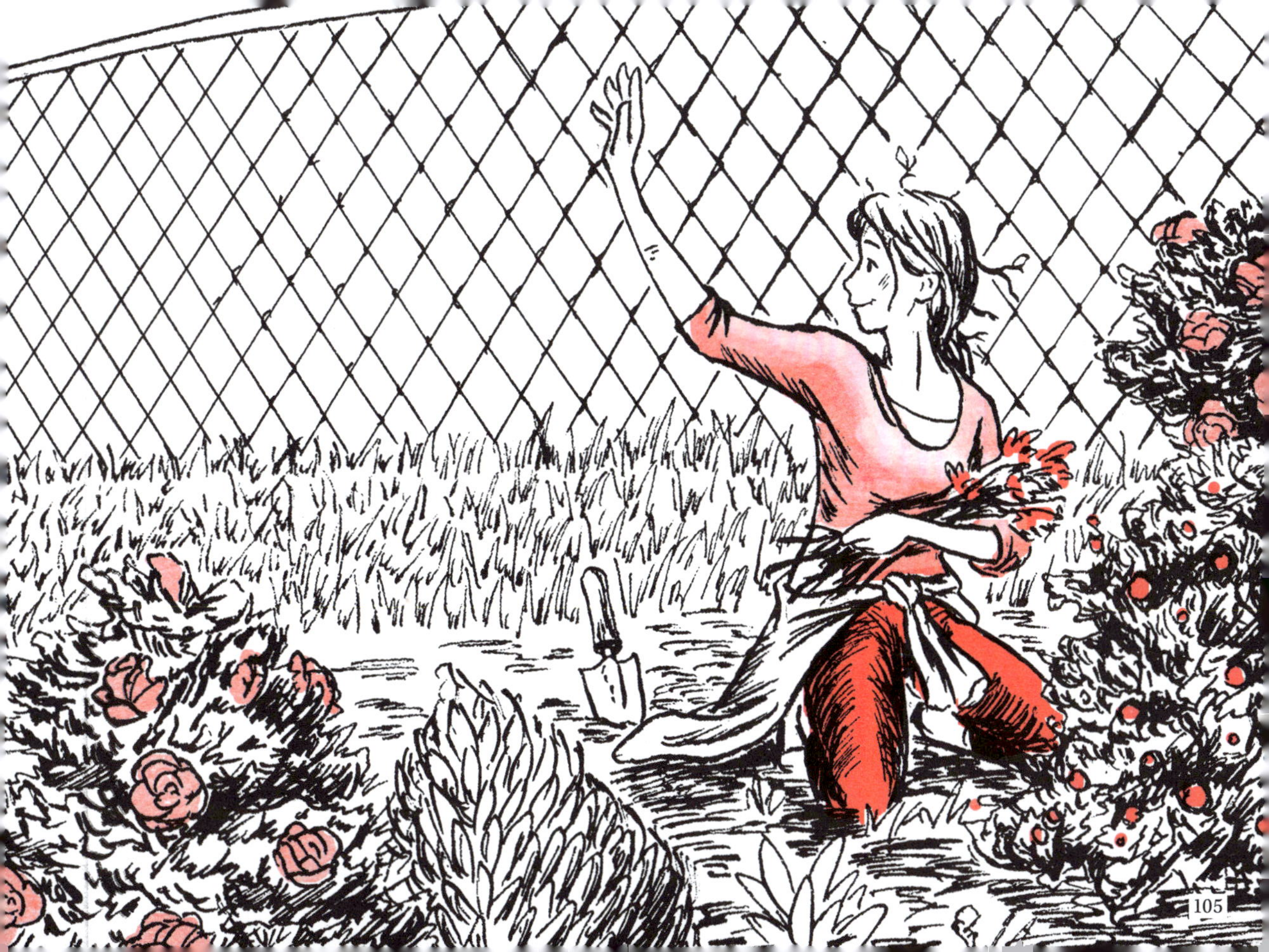

106

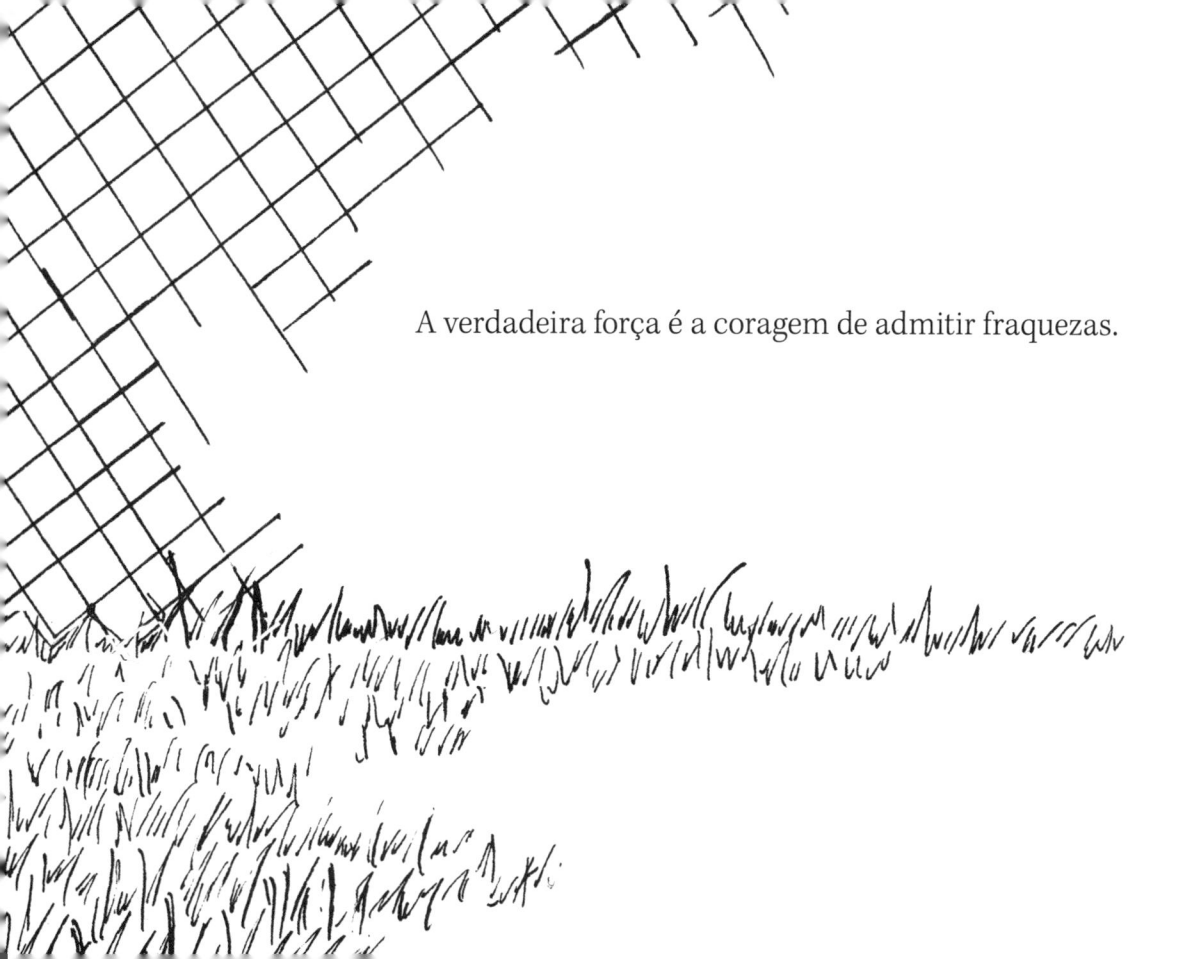

A verdadeira força é a coragem de admitir fraquezas.

Sozinhos, podemos fracassar.

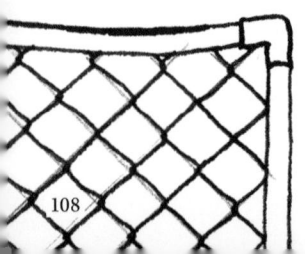

O sucesso sempre depende de ajuda.

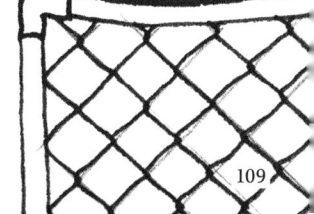

Um chefe tem o título. Um líder tem as pessoas.

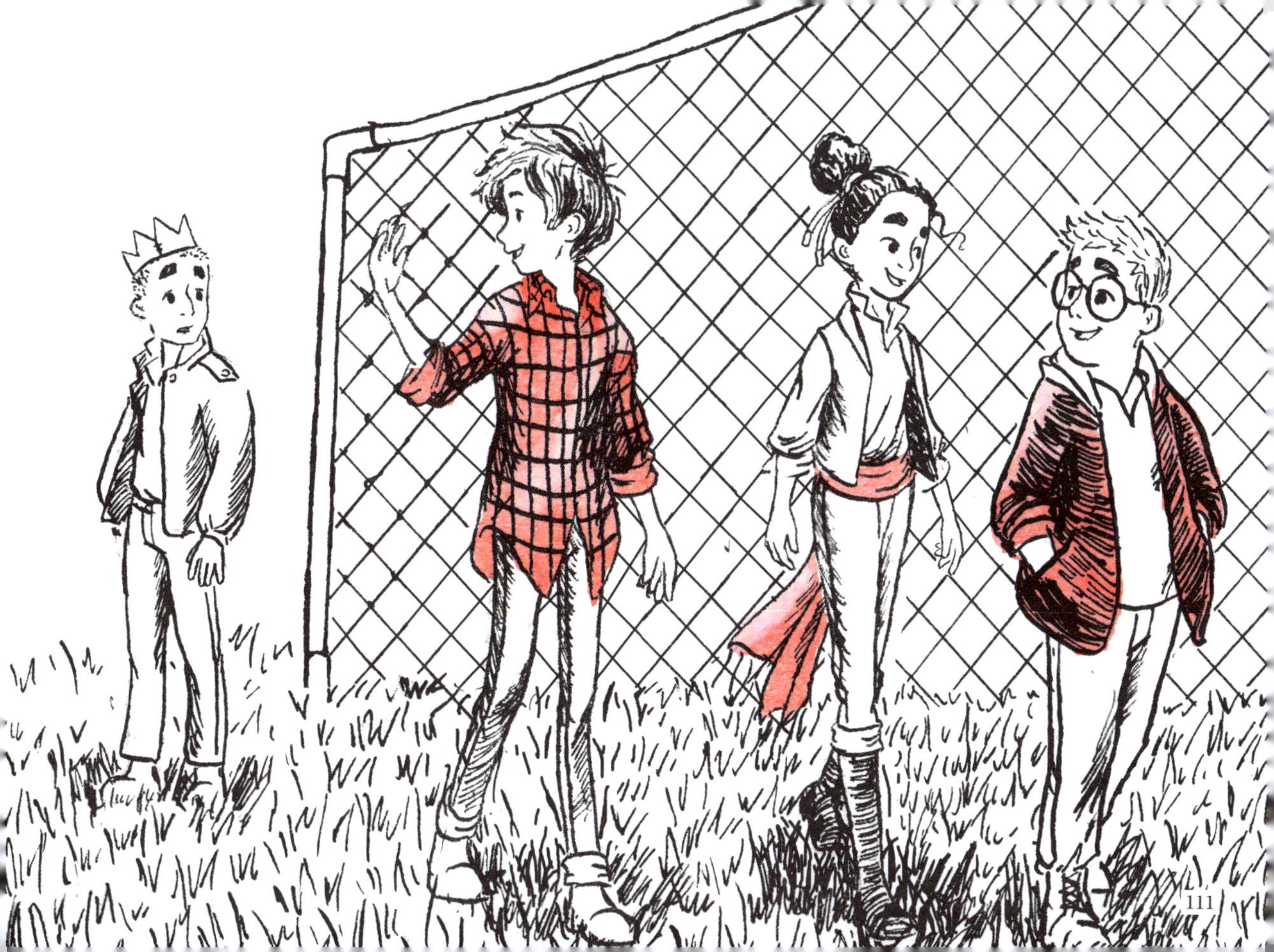

O verdadeiro valor de um líder não é medido pelo trabalho que ele faz. O verdadeiro valor de um líder é medido pelo trabalho que inspira os outros a fazer.

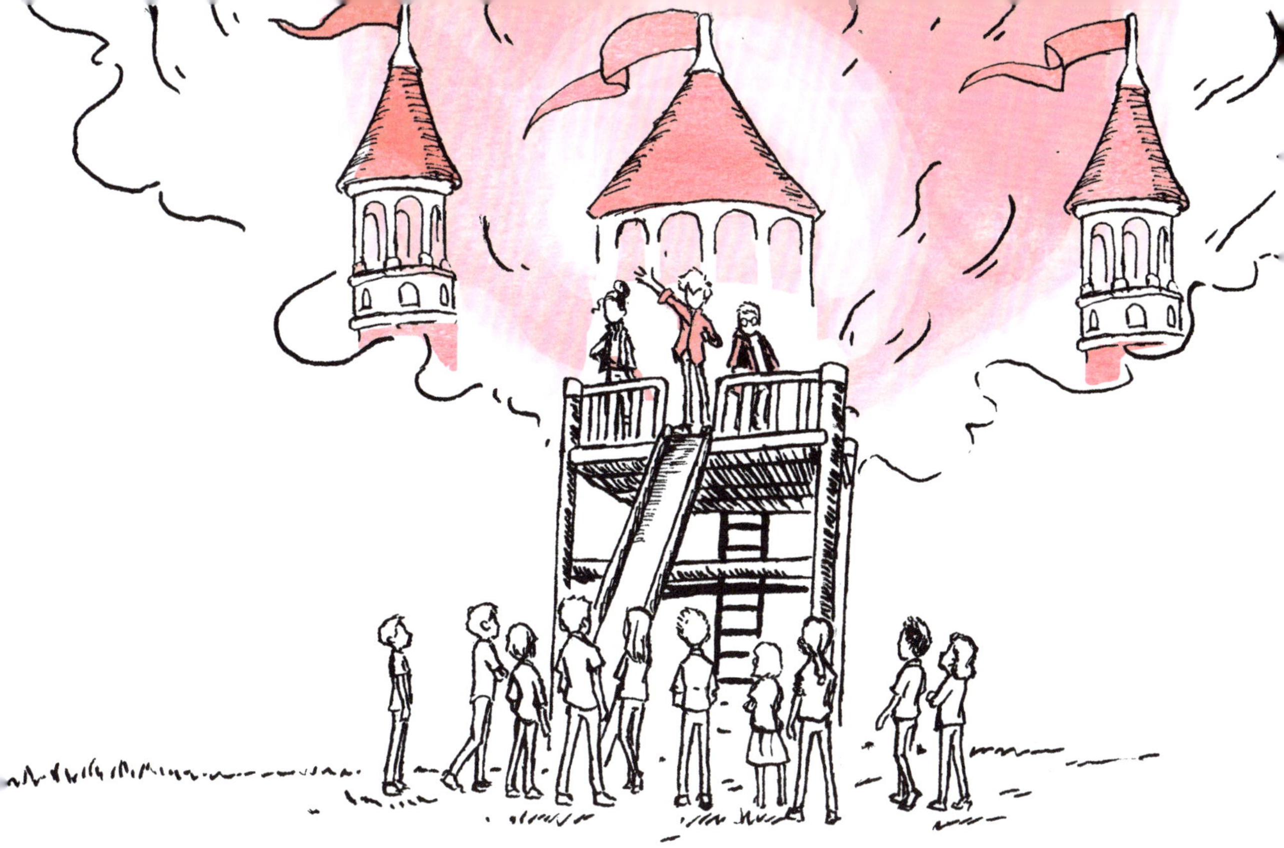

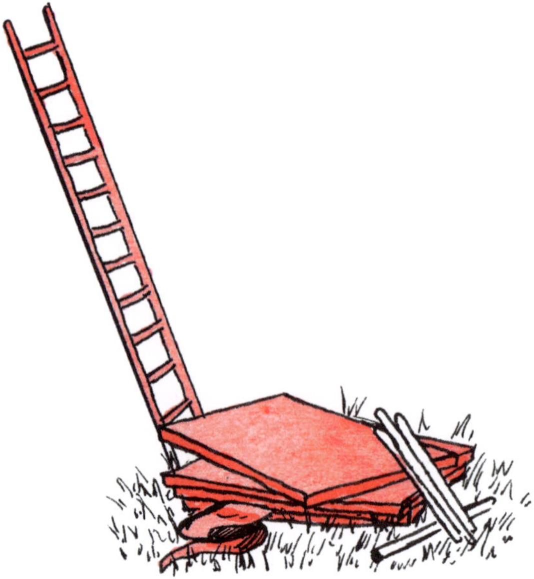

Quando mandamos as pessoas cumprirem uma tarefa, ganhamos trabalhadores.
Quando confiamos que as pessoas vão dar conta da tarefa, ganhamos líderes.

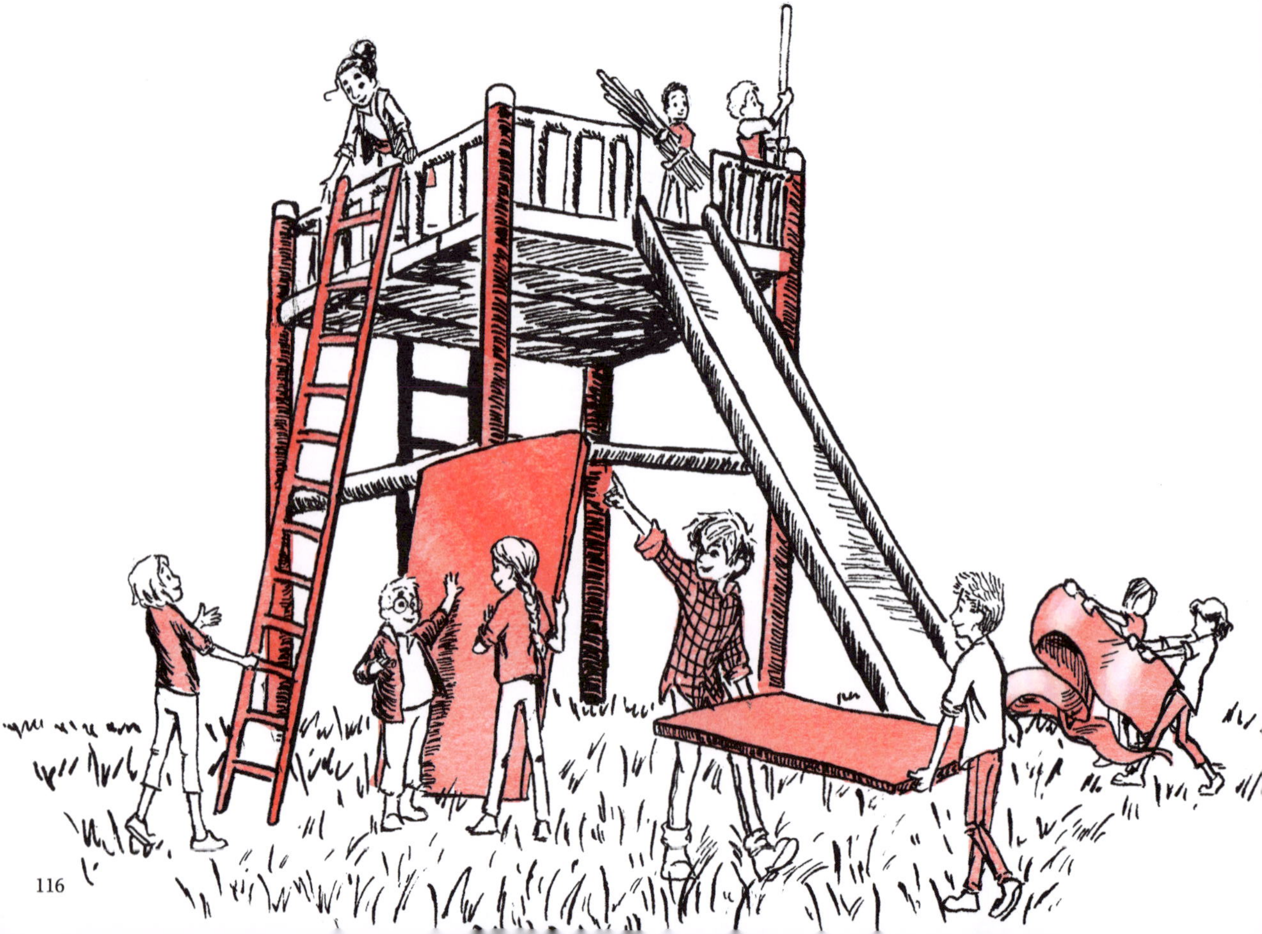

Trabalhar duro por algo com que não nos importamos se chama estresse. Trabalhar duro por algo que amamos se chama paixão.

Seja o líder que você gostaria de ter

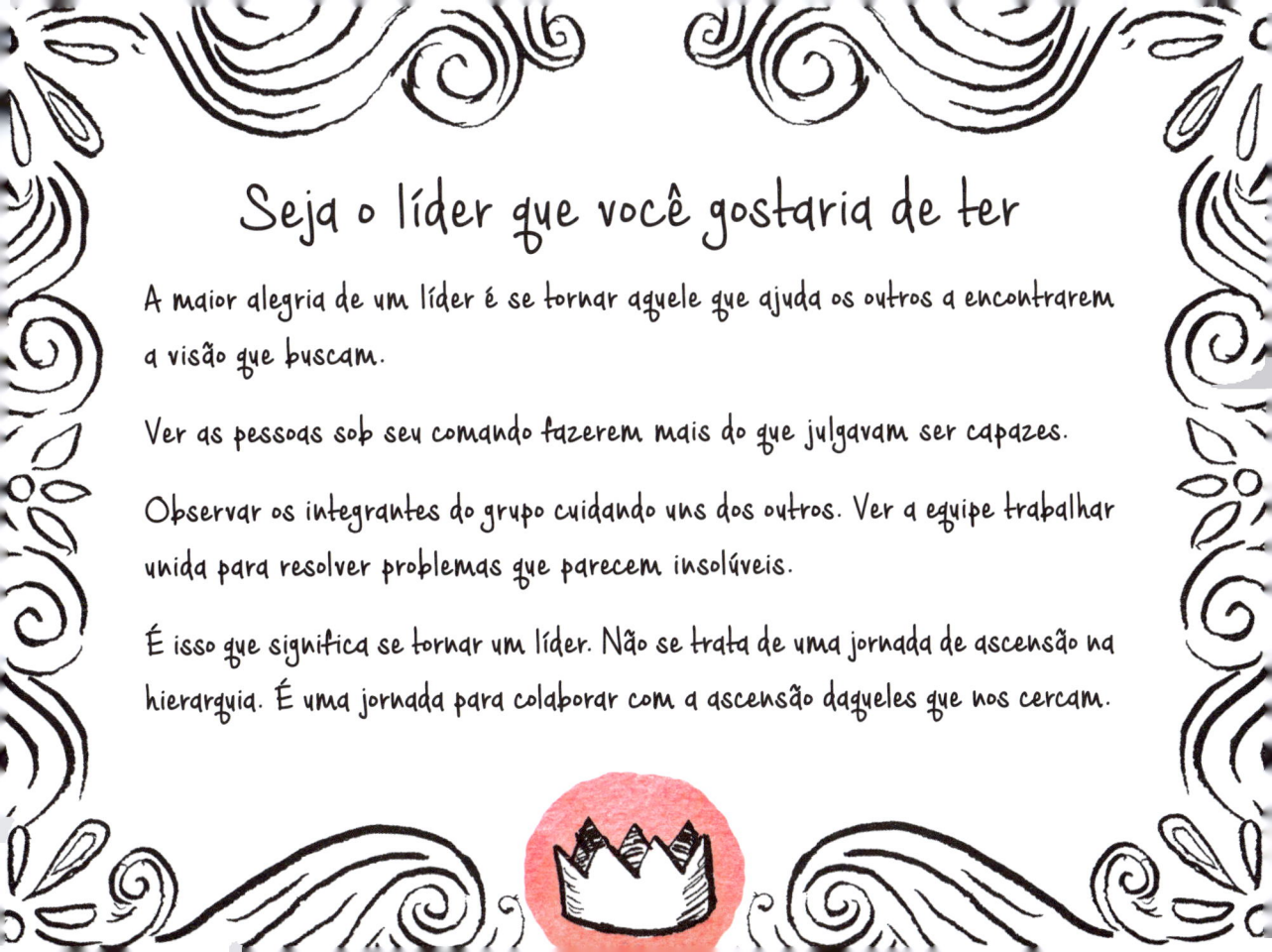

A maior alegria de um líder é se tornar aquele que ajuda os outros a encontrarem a visão que buscam.

Ver as pessoas sob seu comando fazerem mais do que julgavam ser capazes.

Observar os integrantes do grupo cuidando uns dos outros. Ver a equipe trabalhar unida para resolver problemas que parecem insolúveis.

É isso que significa se tornar um líder. Não se trata de uma jornada de ascensão na hierarquia. É uma jornada para colaborar com a ascensão daqueles que nos cercam.

A mente pode ser convencida, mas o coração precisa ser conquistado.

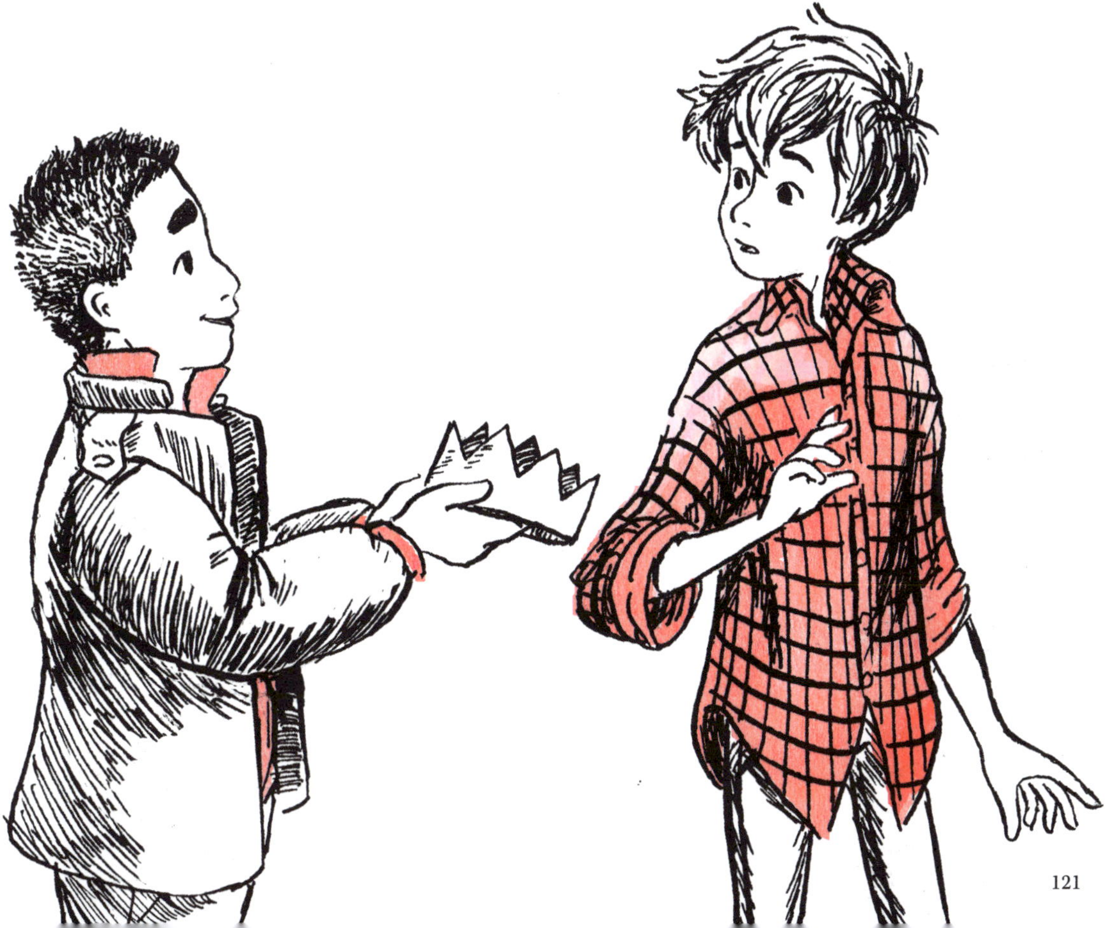

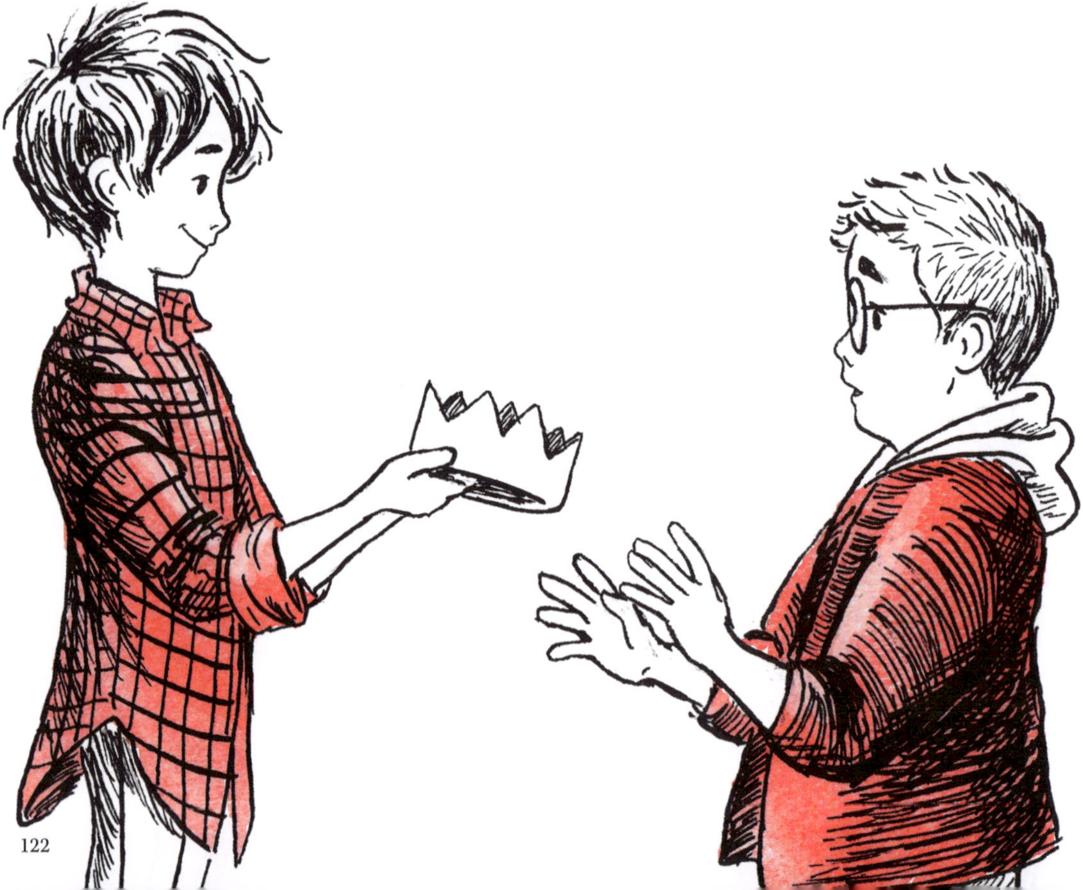

Um astro quer ver a si mesmo alcançando o topo. Um líder quer ver aqueles que o cercam se transformarem em astros.

Um líder precisa ser inspirado pelas pessoas antes de conseguir inspirar as pessoas.

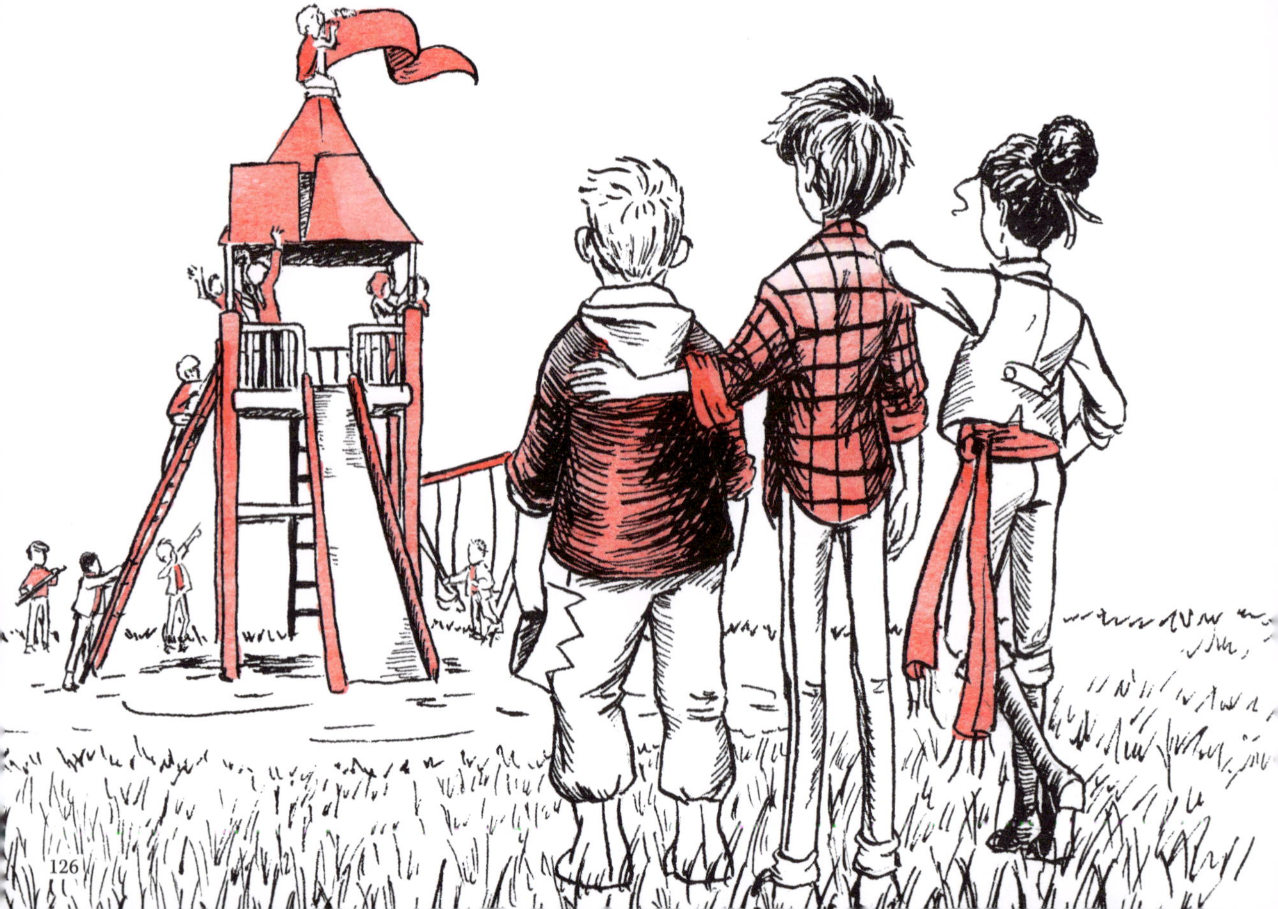

"Para ir depressa, vá sozinho.
Para ir longe, vá acompanhado."

– Provérbio africano

Um pouco mais

Escrever este livro, compartilhar um pouco de inspiração em um formato tão simples, foi uma alegria imensa. Porém, quando acabamos de escrevê-lo, percebemos que algumas das citações e das ilustrações tinham certas nuances que se perdiam neste formato. Por isso, decidimos compartilhar um pouco mais sobre algumas das ideias apresentadas. Espero que você goste.

Pág. 18 | **"A maioria de nós vive ao sabor do acaso – e se deixa levar pelos acontecimentos. A realização vem quando vivemos com propósito."**

Pág. 20 | **"Se você não planeja ficar no seu emprego para sempre, por que está perdendo tempo com ele agora?"**

As ideias contidas nessas frases traduzem a base das minhas crenças: o sentimento de realização é um direito, não um privilégio. Muitos confundem o entusiasmo por uma tarefa – conquistar um novo cliente, receber uma promoção ou um bônus, alcançar uma meta – com a profunda alegria que provém do trabalho realizado. Aquele sentimento de amar e de ser amado por nossos colegas, a sensação de contribuir para algo maior que nós mesmos, a certeza de que somos valorizados e valiosos.

Não temos que aceitar as cartas que recebemos – temos opções, escolhas, e, acima de tudo, temos um ponto de vista. Temos algo a dizer sobre como deve ser o tempo que passamos no trabalho. É um senso de propósito, de causa ou de crença – uma convicção em relação às nossas *motivações* para fazer o que fazemos – que gera a realização. E podemos exigi-la.

Pág. 21 | **"Liderar não é estar no comando. Liderar é cuidar daqueles que estão sob o seu comando."**

Aqui não há nuances. A ideia está bem clara. Fico impressionado com o fato de que, nos dias de hoje, com tantos livros bons, tantas palestras TED, contas no Twitter e artigos na *Harvard Business Review* sobre o que de fato é liderança, algumas pessoas ainda pensem que são líderes apenas por terem conseguido uma promoção.

Pág. 27 | **"Podemos começar uma revolução quando sabemos contra o que lutamos. Para criar uma mudança duradoura, precisamos saber a favor de que lutamos."**

A importância de saber para onde vamos, e não apenas do que fugimos ou o que estamos tentando mudar, é uma das nuances que uma pequena frase poética não consegue traduzir por completo. Essa é uma das razões pelas quais admiro a Declaração de Independência dos Estados Unidos. É um documento que articulou aquilo que queríamos... antes mesmo de nós. Todas as reclamações listadas a respeito da liderança do rei George vinham depois de um estado ideal em que "Todos os homens são criados iguais". Ao redigir o documento, os fundadores da nação priorizaram aquilo que defendíamos, não o que combatíamos.

As redes sociais são ótimas para mobilizar as pessoas. Podem incitá-las a agir e a causar rupturas e mudanças, até mesmo para melhor. Mas elas não inspiram, nem poderiam inspirar, o trabalho duro que precisa ser feito na construção de alguma coisa.

A razão para nos manifestarmos com mais frequência contra algo é a facilidade. É fácil mexer com os medos, com o desconforto e o senso de injustiça de alguém, porque aquilo que as pessoas temem, que as deixa desconfortáveis ou que lhes parece injusto costuma ser algo concreto.

Defender algo costuma ser mais abstrato. O que está claro na mente dos visionários pode parecer distante, intangível ou simplesmente impossível para o resto das pessoas. É responsabilidade do visionário pintar o futuro abstrato como se fosse o presente concreto. A partir daí, teremos algo para nos mobilizar.

Pág. 28 | **"Uma visão é como um sonho – ela desaparece se não fizermos algo a respeito. Faça alguma coisa, grande ou pequena. Pare de se perguntar e comece uma aventura."**

Adoro essa ilustração. Mandei imprimi-la e pendurei-a na parede. Ela me lembra de que, na vida, quando surgem os obstáculos, é divertido pensar em formas de superá-los, em vez de focar apenas no que está no caminho. Podemos imaginar o que está do outro lado do muro ou ficar ali parados, fitando a parede. A escolha é nossa.

Pág. 31 | **"Aquela ideia é fantástica! Pare de falar sobre ela e coloque-a em prática."**

É isso aí.

Pág. 41 | **"Conquistamos muito mais quando corremos atrás do sonho, não da concorrência."**

Há uma diferença entre empresas com políticas internas e empresas com propósitos e causas. No primeiro caso, as pessoas lutam entre si. No segundo, elas lutam juntas.

O mesmo acontece com empresas obcecadas pela concorrência ou pela própria visão. (Só para esclarecer: "ser a número 1" não é uma visão.) Empresas obcecadas pelas ações dos concorrentes estão sempre reagindo ou tentando superar as outras. E as obcecadas pela própria visão estão sempre trabalhando para se superar.

Essas empresas também compreendem que às vezes estão na frente e outras vezes ficam para trás. Menos distraídas pelos altos e baixos do curto prazo, sua obsessão é o longo prazo. É a diferença entre tentar ganhar todas as batalhas e tentar ganhar a guerra... e ninguém sabe quando a guerra vai acabar. É por isso que as empresas visionárias em geral superam a concorrência e sobrevivem mais tempo.

Pág. 47 | **"Encontre uma visão."**

Tive muito cuidado ao chamar essa parte de "encontre" uma visão em vez de "tenha" uma visão. Por algum motivo, surgiu um padrão no mundo dos negócios que diz que todos nós precisamos "ter" uma visão. Algo grande, audacioso, capaz de mudar o mundo, no estilo Steve Jobs. Isso não só é muito irreal, como pode ser bastante estressante para a grande maioria de nós, que não é Steve Jobs.

Fico mais à vontade afirmando que devemos *encontrar* uma visão. Com certeza, existem visionários por aí – pessoas com um senso de um futuro diferente e com a capacidade de expressar suas ideias. Se gostamos da visão deles, podemos escolher segui-los ou seguir sua visão. Ela se torna nossa e podemos usá-la para orientar nossas escolhas.

Seguir uma visão que reverbera dentro de nós é tão inspirador quanto ter uma visão original. Martin Luther King, Gandhi, Thomas Jefferson, Richard Branson, Warren Buffett e Elon Musk exprimiram a própria visão e fizeram coisas que inspiraram outras pessoas a segui-los. Alguns seguidores compraram os produtos dessas personalidades ou se juntaram a suas organizações. E outros simplesmente se inspiraram em um desses líderes e agiram de forma a contribuir para aquela visão. De uma forma ou de outra, todos esses seguidores *encontraram* uma visão e escolheram segui-la. Eles não precisaram criar uma visão própria.

E aqui está a melhor parte: são os seguidores – e não o visionário – que dão vida à visão. Os visionários precisam de seguidores tanto quanto os seguidores precisam de uma visão.

Então... quem inspira você?

Pág. 49 | "Quando dizemos em voz alta que não sabemos, aumentam as chances de alguém que sabe nos oferecer ajuda."

A lição mais poderosa que aprendi em toda a minha vida é que não preciso ter todas as respostas. E quando não sei algo, não preciso fingir que sei.

Houve uma época em minha carreira que eu achava que precisava saber todas as respostas, pois estava cuidando de uma conta ou de um negócio. Só que isso era um equívoco completo. Ninguém sabe tudo e ninguém tem perfeita clareza. Tive que aprender essa lição da maneira mais difícil.

Assim que criei coragem para dizer em voz alta que não sabia ou não compreendia, para pedir ajuda ou aceitá-la quando era oferecida, minha carreira mudou por completo. Na verdade, sempre houve gente disposta a ajudar... essas pessoas só não sabiam que eu precisava de ajuda.

Pág. 50 | **"Inovadores são aqueles cujos sonhos são mais nítidos do que a realidade que diz a eles que estão loucos."**

Se alguém tem alguma ideia de como pontuar esse pensamento de forma a facilitar um pouco a compreensão na primeira leitura, por favor, me avise.

Pág. 58 | **"Quando nos fechamos para ideias, o que escutamos são críticas. Quando nos abrimos para críticas, o que recebemos são conselhos."**

Com muita frequência, oferecemos conselhos bem-intencionados que são recebidos como críticas. Nossa tentação é defender tais conselhos e, o que é pior, acabamos nos envolvendo em uma discussão.

Pode ser que alguém encare um conselho como crítica por causa da forma como falamos. Ou talvez tenhamos atingido um ponto fraco, ou esse conselho seja algo que cause dúvidas ou insegurança; talvez seja a décima segunda vez que a pessoa tenta resolver o problema e foi por isso que ela assumiu uma postura defensiva. Se isso acontecer, é uma grande oportunidade de praticar um pouco de empatia, de tentar compreender o que está por trás dessa reação. Só depois disso é que nossas palavras se transformarão em conselhos.

Pág. 84 | "O entusiasmo vem da conquista. A realização vem do caminho percorrido para se chegar lá."

É empolgante ganhar um prêmio, mas a verdadeira realização é alcançada quando você olha para trás e se dá conta de todas as pessoas que torceram por você, que o ajudaram, que arriscaram a própria reputação por você. Todos aqueles que acreditaram em você.

    É irônico. Quando olhamos para a frente, os momentos que achamos que serão decisivos raramente são. Com mais frequência, quando olhamos para trás, para nossas conquistas, os momentos decisivos foram as experiências que nos levaram às grandes realizações. As lições aprendidas.

Vale a pena afirmar mais uma vez: o entusiasmo no trabalho vem da vitória, do cumprimento da meta, de uma promoção. É a dose de dopamina. Mas a realização – aquela alegria verdadeira, duradoura, produzida pela ocitocina – vem da qualidade dos relacionamentos que construímos enquanto lutamos para superar cada obstáculo do caminho *e* dos sentimentos que compartilhamos quando conquistamos algo juntos.

Pág. 91 | **"O valor de nossa vida não é determinado pelo que fazemos por nós mesmos. O valor da nossa vida é determinado pelo que fazemos pelos outros."**

Qual deve ser o parâmetro para o julgamento do nosso legado? Nosso saldo bancário no dia da nossa morte? A quantidade de e-mails que respondemos? Nossa frequência na academia? Ou o caráter dos filhos que criamos, das pessoas que lideramos, assim como o impacto que tivemos na vida das pessoas que nos cercam?

Devemos viver de acordo com o legado que queremos deixar.

Pág. 92 | **"A oportunidade não é a de descobrir a companhia perfeita para nós. A oportunidade é a de construirmos a companhia perfeita uns para os outros."**

Há uma seção na livraria chamada "autoajuda", mas não existe nenhuma chamada "ajuda aos outros". A ironia é que o sucesso e a alegria vêm, na verdade, do serviço que prestamos às pessoas. Não de "Como posso perder 5 quilos?", mas de "Como posso ajudar meu amigo a se sentir forte e saudável?". Não se trata de "Como encontrar o emprego dos meus sonhos?", e sim de "Como ajudar alguém querido a encontrar sua vocação?".

É a prestação de serviços – e não a busca individual – que de fato nos ajuda a resolver com maior eficiência os problemas que enfrentamos em nossa vida. Além disso, ela transforma uma meta egoísta e de curto prazo em algo maior, mais duradouro e mais nobre.

Se vamos trabalhar e não adoramos nosso emprego, pedir demissão não é a única opção. Podemos nos dedicar a garantir que nossos colegas adorem ir para o trabalho. Nossa função se transforma em ajudá-los a encontrar a vocação *deles*. Esse gesto não apenas muda a forma como os nossos colegas se sentem em relação ao emprego, também muda a forma como encaramos o nosso trabalho.

Essa atitude de prestação de serviços se chama liderança.

Pág. 98 | **"Nossas dificuldades são os passos de curto prazo que devemos dar no caminho para o sucesso de longo prazo."**

Há uma antiga história sobre um fazendeiro chinês cujo cavalo fugiu para as colinas. Quando os vizinhos demonstraram compaixão por sua má sorte, ele respondeu: "Má sorte? Boa sorte? Quem pode saber?" Pouco depois, o animal voltou acompanhado por vários cavalos selvagens que habitavam as colinas. Quando os vizinhos o parabenizaram pela boa sorte, ele disse: "Boa sorte? Má sorte? Quem pode saber?"

    O filho do fazendeiro tentou domesticar os animais, mas caiu e quebrou a perna. Quando os vizinhos expressaram seus sentimentos diante daquele infortúnio, o fazendeiro falou: "Má sorte? Boa sorte? Quem pode saber?" Enquanto o filho se recuperava, o exército chegou, e os oficiais recrutaram todos os rapazes saudáveis da aldeia. Como o filho do fazendeiro não foi chamado, os vizinhos o congratularam por sua sorte. E ele respondeu: "Boa sorte? Má sorte? Quem pode saber?"

A vida não é uma única cena. É um filme inteiro a se desenrolar... Nosso único desafio (ou oportunidade) é não saber o que vem em seguida.

Pág. 101 | **"A liderança é um aprendizado. E os melhores líderes se consideram alunos, não professores."**

Se você tem uma nova ideia ou um ponto de vista a oferecer e ouve várias vezes alguém dizer "Faço isso há muito mais tempo que você, acho que sei o que estou fazendo", SAIA CORRENDO! FUJA!

Pág. 107 | **"A verdadeira força é a coragem de admitir fraquezas."**

Ser vulnerável não significa ter que chorar ou agir com doçura. Significa admitir que não sabemos algo ou que cometemos um erro. É pedir ajuda. Essas simples afirmações nos deixam vulneráveis, pois nos tornam suscetíveis a críticas, humilhações ou ataques. No entanto, se trabalhamos numa cultura forte, entre pessoas que nos trazem segurança, a expressão da vulnerabilidade é o sentimento mais poderoso do mundo. Sentimos o amor e o apoio dos que estão à nossa volta. Nós nos abrimos ao aprendizado e ao crescimento. E, ao admitir a vulnerabilidade com simplicidade, convidamos os outros a nos ajudarem, aumentando, dessa forma, nossas chances de sucesso.

    E esta é a melhor parte: nossa coragem de ser o primeiro a expressar vulnerabilidade inspira os mais próximos a assumir os mesmos riscos. E quando isso acontece, a equipe também se mobiliza para apoiá-los e a organização inteira se beneficia.

    E aí está a ironia. Mentir, fingir e omitir podem nos fazer

parecer mais fortes, porém, em última instância, enfraquecem a cultura. A coragem de ser vulnerável torna, *sim,* a organização e todas as equipes que fazem parte dela mais fortes e as faz ter um desempenho melhor.

Pág. 115 | **"Quando mandamos as pessoas cumprirem uma tarefa, ganhamos trabalhadores. Quando confiamos que as pessoas vão dar conta da tarefa, ganhamos líderes."**

Para se tornar um líder, é preciso passar por uma transição. Para algumas pessoas, o processo é rápido. Outras são mais lentas. E, infelizmente, algumas nunca experimentam esse processo.

Quando somos novatos, nossa única tarefa é fazer bem o nosso trabalho. Nesse período, as empresas nos fazem passar por muitos treinamentos – como usar o software, como vender, como fazer uma

apresentação – para que façamos bem o nosso serviço. Alguns até ganham certificações mais avançadas, para serem ainda melhores em suas tarefas – os contadores e os engenheiros, por exemplo.
Se somos bons no que fazemos, a empresa nos promove. E se somos *realmente* bons, acabamos promovidos a um posto em que nos tornaremos responsáveis pelas pessoas que fazem as tarefas que cabiam a nós anteriormente. Mas pouquíssimas empresas nos ensinam a *liderar*. É como entregar uma máquina para uma pessoa e exigir resultados sem mostrar como o aparelho funciona.

    É por isso que temos gestores e não líderes dentro das empresas. Porque a pessoa que foi promovida realmente faz o trabalho melhor do que todos nós; foi por isso que ganhou a promoção. Claro que essas pessoas vão nos dizer como "devemos" fazer as coisas. Elas nos administram porque ninguém as ensinou a nos liderar.

Essa é uma das lições mais difíceis para aprender quando somos promovidos a um cargo de liderança: não somos mais responsáveis pela execução de uma tarefa, agora somos responsáveis pelas pessoas que a executam. Não existe um CEO no planeta que seja responsável pelos clientes. Os CEOs são responsáveis pelas pessoas que são responsáveis pelos clientes. Entenda isso e todo mundo sairá ganhando – funcionários e clientes.

Liderar é um trabalho duro. Não exige o esforço que é necessário para cumprir a tarefa; trata-se de aprender a desapegar. É o trabalho duro de treinar pessoas, orientá-las, acreditar e confiar nelas.
É uma atividade humana. E, ao contrário da execução de tarefas, a liderança dura muito mais do que qualquer coisa que aconteça durante o dia de trabalho.

Pág. 120 | **"A mente pode ser convencida, mas o coração precisa ser conquistado."**

Eric, meu editor, adora essa frase. Ele acha que é a base de todos os meus livros e de todo o meu trabalho.

Acho que eu o conquistei.

Pág. 125 | **"Um líder precisa ser inspirado pelas pessoas antes de conseguir inspirar as pessoas."**

Liderar é como ter filhos: todos têm a capacidade de ser pais, mas nem todo mundo quer ou deveria ser. Da mesma forma, todo mundo tem a capacidade de ser um líder, mas nem todo mundo quer ou deveria ser.

A alegria de ter um filho não vem do trabalho de ser pai ou mãe. Ela vem quando vemos nosso filho fazer coisas que nos encantam. Como quando encontramos nosso filho de 5 anos compartilhando brinquedos com o de 4. Ou quando comparecemos a peças escolares ou formaturas, quando eles dizem coisas engraçadas ou quando começam a namorar.

Com a liderança é a mesma coisa. A alegria de liderar surge quando vemos alguém da equipe tendo conquistas maiores do que pensavam ser capazes de alcançar. Quando vemos a equipe se reunir para resolver um problema que parece impossível. Quando a equipe é profundamente unida e seria capaz de fazer qualquer coisa para ajudar um de seus integrantes.

Quanto mais nos inspiramos com a capacidade que as pessoas à nossa volta têm de nos surpreender, mais podemos inspirá-las.

Together is Better

Letra: Dela Fumador
Arranjo: Aloe Blacc

Hold my hand so we don't slip on the rocks They say the mountain is so hard to climb and the valley steep to go Together is better than one Hand in hand we will get to the top Hand in hand we will run down the valley Hand in hand we shall overcome Together is better than one

Para ouvir a música "Together is Better", tema deste livro, acesse AloeBlacc.com/togetherisbetter

De que adianta ter uma ideia se ela continuar sendo apenas uma ideia? Tente. Experimente. Insista. Fracasse. Tente outra vez. Transforme o mundo.

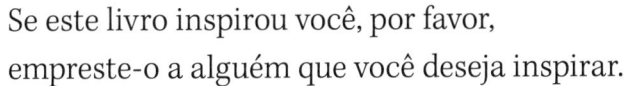

Se este livro inspirou você, por favor,
empreste-o a alguém que você deseja inspirar.

tornou-se conhecido mundialmente ao popularizar o conceito do *porquê* em sua primeira TED Talk, que está entre as quatro mais populares, com mais de 63 milhões de visualizações. É fundador da Start With Why, instituição dedicada a fornecer ferramentas e recursos para inspirar as pessoas, e autor de *Líderes se servem por último* (Alta Books), *Comece pelo porquê*, *Juntos somos melhores* e *O jogo infinito* (Sextante) e coautor de *Encontre seu porquê* (Sextante).

é ilustrador e autor e mora em Nova York. Conheça mais do trabalho dele em ethanaldridge.weebly.com

CONHEÇA OS LIVROS DE SIMON SINEK

Encontre seu porquê
Comece pelo porquê
Juntos somos melhores
O Jogo Infinito

Para saber mais sobre os títulos e autores da Editora Sextante,
visite o nosso site e siga as nossas redes sociais.
Além de informações sobre os próximos lançamentos,
você terá acesso a conteúdos exclusivos
e poderá participar de promoções e sorteios.